El filósofo interior

El filósofo interior

Lou Marinoff
y
Daisaku Ikeda

Traducción de Borja Folch

Papel certificado por el Forest Stewardship Council®

Título original: *The inner philosopher*

Primera edición: diciembre de 2014
Primera reimpresión: abril de 2025

© 2012, Lou Marinoff y Soka Gakkai
© 2012, Penguin Random House Grupo Editorial, S. A. U.
Travessera de Gràcia, 47-49. 08021 Barcelona
© 2014, Borja Folch, por la traducción
© 2014, Soka Gakkai, por la traducción al español de los fragmentos de diálogo
de Daisaku Ikeda

Penguin Random House Grupo Editorial apoya la protección de la propiedad intelectual. La propiedad intelectual estimula la creatividad, defiende la diversidad en el ámbito de las ideas y el conocimiento, promueve la libre expresión y favorece una cultura viva. Gracias por comprar una edición autorizada de este libro y por respetar las leyes de propiedad intelectual al no reproducir ni distribuir ninguna parte de esta obra por ningún medio sin permiso. Al hacerlo está respaldando a los autores y permitiendo que PRHGE continúe publicando libros para todos los lectores. De conformidad con lo dispuesto en el artículo 67.3 del Real Decreto Ley 24/2021, de 2 de noviembre, PRHGE se reserva expresamente los derechos de reproducción y de uso de esta obra y de todos sus elementos mediante medios de lectura mecánica y otros medios adecuados a tal fin. Diríjase a CEDRO (Centro Español de Derechos Reprográficos, http://www.cedro.org) si necesita reproducir algún fragmento de esta obra.
En caso de necesidad, contacte con: seguridadproductos@penguinrandomhouse.com

Printed in Spain – Impreso en España

ISBN: 978-84-666-5538-5
Depósito legal: B-21.698-2014

Impreso en Q P Print

BS 55385

Elogios a *El filósofo interior*

Hoy en día, cuando la incertidumbre se suma a otros retos que ponen a prueba cada ámbito del quehacer humano, es esencial que *El filósofo interior* sea parte de la literatura y del diálogo mundiales. Al proponer un coloquio abierto y revelador, que nos ayuda a aclarar el misterio del «nosotros», su contenido nos sitúa en la vanguardia de la gran aventura de la vida y la condición humanas.

WAYNE SHORTER, compositor y
saxofonista de jazz, galardonado con
nueve premios Grammy y distinguido
como Maestro del Jazz por el
Fondo Nacional de las Artes (EE.UU.)

Estas conversaciones, tan amenas como interesantes, demuestran la importancia de la filosofía en nuestra vida y nuestro mundo. Daisaku Ikeda y Lou Marinoff nos guían magistralmente hacia la naturaleza y la función de la sabiduría, desde los tiempos antiguos hasta los problemas de hoy. Es un libro que deberían leer dirigentes, profesores, estudiantes y adultos de todas las edades.

TOM MORRIS, autor de
Los superhéroes y la filosofía,
Si Aristóteles dirigiera General Motors
y *Si Harry Potter dirigiera General Electric*

En este estimulante diálogo, Daisaku Ikeda y Lou Marinoff demuestran el enorme potencial de la filosofía práctica y comprometida. Incitan a sus lectores a romper las cadenas de la autoridad para que desarrollen sus propios recursos interiores y abracen las preguntas más difíciles de la vida con sinceridad emocional e intelectual, valentía, disciplina y generosidad.

LARRY A. HICKMAN,
Center for Dewey Studies,
Southern Illinois University, Carbondale

¡No comience este libro sin un rotulador a mano, pues, sin falta, querrá releer muchas de sus reflexiones! O, mejor aún, planifique la lectura previendo una pausa después de cada conversación, dejando reposar el libro en su regazo mientras cavila sobre sus pasajes. En las sencillas frases que intercambian Lou Marinoff y Daisaku Ikeda se expresan brillantes complejidades que iluminan la mente y conducen al lector hacia la reflexión contemplativa que constituye el entorno de la filosofía. Cada contrapunto ofrece numerosas llaves para abrir las puertas al «filósofo interior» que habita en cada lector e ilustra que la auténtica búsqueda de la verdad es una característica permanente del pensamiento humano; que el conocimiento no es una mercancía que deban monopolizar los poderosos. Se nos enseña que la filosofía comienza por hacer preguntas, y en esta cuestión coincidirán quienes educan para la paz adoptando la pedagogía crítica como medio para guiar a los estudiantes hacia lo que Daisaku Ikeda denomina «creación de valor», haciéndose eco de lo que los educadores llamamos «consolidación de la paz».

Lou Marinoff nos recuerda que la investigación abierta es fundamental en la educación para la paz, al aseverar que nadie controla la verdad. Las conversaciones nos invitan a todos a ser indagadores de la verdad, asegurándonos que podemos y debemos involucrarnos en la reflexión filosófica sobre los asuntos que afectan a nuestra vida individual y a la sociedad en general. La sabiduría que ambos comparten con nosotros nos alienta a activar al filósofo interior para liberar al actor social. Este libro es una buena «lectura para la paz».

BETTY A. REARDON,
Directora fundadora emérita del
International Institute on Peace Education
[Instituto Internacional de Educación para la Paz]

PRIMERA CONVERSACIÓN

La filosofía comienza a partir de nuestras preguntas

IKEDA: Me siento profundamente honrado de emprender este diálogo[1] con un gran filósofo de acción como usted, doctor Marinoff, que ha aportado nuevas ideas y enfoques al mundo de la filosofía.

No quiero dejar pasar esta oportunidad sin reiterarle mi gratitud por el sincero mensaje que me envió en enero de 2008, con motivo de mi octogésimo cumpleaños.

MARINOFF: No hay nada que agradecer, presidente Ikeda. Tal como dije en ese mensaje, usted ha hecho más en sus ochenta años de lo que la mayoría de nosotros podría llevar a cabo en ochenta vidas. Ha fundado universidades y un sistema escolar, asociaciones musicales y centros culturales. Ha publicado libros y diálogos, alentando a las personas a llevar vidas más maravillosas de lo que jamás se atrevieron a soñar.

También es un socrático implacable que busca sin tregua la verdad. Sus asombrosos logros como educador y activo practicante budista son un faro para toda la humanidad. Sin duda, el honor es mío al participar en un diálogo con usted.

IKEDA: Aunque mucho me temo que sus elogios sean excesivos, le agradezco su generosa presentación.

Para entrar en tema, no creo exagerado señalar que el estancamiento de nuestro mundo actual se remonta, fundamentalmente, a la falta de orientación filosófica. Una sociedad sin filosofía es como un edificio sin una firme estructura: aunque su fachada tenga ricos adornos y se vea espléndida por fuera, la construcción terminará sucumbiendo a las tormentas y a los terremotos. Cuando pienso en la prosperidad de nuestra civilización moderna, muy a mi pesar siento que es igualmente vulnerable.

MARINOFF: Coincido sin reservas con su valoración de que el mundo contemporáneo padece una terrible carencia de filosofía. Solo activaremos nuestro pleno potencial humano cuando consagremos nuestra fuerza vital a investigar los misterios más profundos de la vida.

IKEDA: Efectivamente. Y esta es una época propicia para que la humanidad despliegue sus capacidades latentes. Una sociedad sin filosofía produce una educación sin contenido filosófico, y esta, a su vez, forma individuos desprovistos de filosofía, lo cual es un aciago presagio para el futuro de nuestro mundo.

Por tal razón, el siglo XXI debe ser una centuria enfocada en la educación y la filosofía; es decir, un siglo de la vida. Mi esperanza es que este intercambio represente un nuevo punto de partida en esta dirección.

Su labor precursora en el campo de la filosofía, doctor Marinoff, ha convertido en sencilla y comprensible una disciplina que muchos consideraban difícil y distante. Creo, entonces, que ambos estaremos de acuerdo en elegir para este diálogo un lenguaje lo más claro y llano posible.

MARINOFF: Sí, por supuesto que estoy de acuerdo. Nuestro reto consiste en arrebatar la filosofía de las manos de los teóricos puros —cuyas meditaciones son abundantes, pero de difícil aplicación práctica— y devolverla al hombre de la calle. Me propongo dar lo mejor de mí mismo en este diálogo, con pasión y entusiasmo.

El asesoramiento filosófico

IKEDA: Me alegra mucho saberlo. Una de sus innovaciones, doctor Marinoff, ha sido ofrecer servicios profesionales de asesoramiento filosófico, aplicando a la vida cotidiana conceptos antiguos y modernos, orientales y occidentales. Esta experiencia lo condujo, en 1998, a fundar la Asociación Norteamericana de Consejeros Filosóficos [American Philosophical Practitioners Association, APPA por sus siglas en inglés].

Tanto en el Japón como en otros países, existe una creciente demanda de parte de la gente de atención psicoterapéutica y de asesoramiento profesional experto, que la ayude a resolver sus diversos problemas de relaciones personales, familiares y sociales.

En los Estados Unidos, el asesoramiento psicológico [*counseling*] es una práctica muy difundida desde hace varias décadas. Sin embargo, la consulta de asesoramiento filosófico que usted ha desarrollado probablemente sea desconocida para muchas personas. ¿Podría explicar a nuestros lectores en qué consiste?

MARINOFF: En términos generales, en la vida nos topamos con diversas dificultades. En mayor o menor medida, todo el mundo se preocupa, sufre o está inquieto. Siempre ha sido así. Pero cuando esto sucede en una cultura tan proclive al diagnóstico como la nuestra, la gente confía demasiado en la psiquiatría, la psicología y los medicamentos. Los consejeros nos esforzamos en emplear sabidurías tradicionales para transmitir a la gente maneras de pensar y manejar sus problemas. La meta de todo consejero filosófico es despertar en sus clientes ideas más positivas sobre la vida, ayudarlos a confrontar sus asuntos poniendo de manifiesto su fortaleza interior.

IKEDA: Este es uno de los aspectos más valiosos de la filosofía. Usted es autor de libros muy reveladores sobre esta cuestión; uno de ellos, *Más Platón y menos Prozac*, ha sido un gran éxito de ventas en muchos países del mundo.[2]

El título alude, por un lado, al popular antidepresivo Prozac, y, por el otro, a Platón, emblema de la reflexión filosófica. En esta obra, usted analiza las distintas formas de abordar los problemas cotidianos y propone que es posible superar las dificultades de la vida empleando los recursos del saber filosófico.

El propósito de la filosofía, a mi entender, es permitir a los seres humanos manifestar su fortaleza interior. Y un medio importante para cumplir este propósito es la orientación filosófica; es decir, el asesoramiento y el diálogo. En la Soka Gakkai Internacional se recalca la importancia del diálogo interpersonal, basado en una filosofía de respeto a la dignidad de la vida.

MARINOFF: La filosofía de vida de la Soka Gakkai Internacional me parece muy saludable. En la APPA somos muchos los que estamos cobrando mayor conciencia de la función que desempeña el diálogo en el budismo y ponemos en práctica planteamientos budistas en el diálogo con algunos de nuestros clientes.

Como adolescente que sintió la influencia del movimiento contracultural de los años sesenta, tuve ocasión de descubrir las filosofías asiáticas —hinduismo, taoísmo, budismo— y, poco a poco, empecé a incorporar sus enseñanzas a mi vida. Terminé por emplear la filosofía como guía para mi propia vida durante varias décadas, sin siquiera plantearme ofrecer asesoramiento filosófico a los demás.

IKEDA: ¿Y qué lo hizo inclinarse en esta dirección?

MARINOFF: A principios de los años noventa trabajaba en el Centro de Ética Aplicada de la Universidad de Columbia Británica, en Vancouver, Canadá. Como expertos en Ética, con cierta frecuencia concedíamos entrevistas a los medios de comunicación —periódicos, radio, televisión— sobre diversos asuntos que revestían importancia social. Al cabo de poco tiempo, hubo personas que empezaron a contactar regularmente con el centro para solicitar consejo filosófico sobre distintas cuestiones personales y profesionales.

Por lo general telefoneaban y pedían hablar con un filósofo. Así conseguí mi primer cliente, un director de instituto que necesitaba resolver una crisis ética. Mi segundo cliente fue un estudiante de posgrado que buscaba la mejor manera de cuidar a su madre enferma sin interrumpir sus estudios.

IKEDA: Ambos se hallaban frente a problemas delicados... Me interesa saber cuál fue el asesoramiento filosófico que les ofreció...

MARINOFF: En el caso del director de instituto, buscamos la solución a un conflicto entre varias partes fundamentándonos más en razones morales que legales. La disparidad entre puntos de vista legales solo había conseguido agravar el conflicto, mientras que recurriendo a la intuición moral universal se resolvió en buena medida. En el caso del estudiante, buscamos priorizar sus numerosas obligaciones de manera que pudiera cumplir con ellas de forma satisfactoria sin que la prevalencia de una fuese en detrimento de otra.

IKEDA: En ambos casos, recurrió al pensamiento filosófico para proponer soluciones que superaran el conflicto en cuestión...

MARINOFF: Así es. E intenté desarrollar protocolos para ocuparme de tales casos. Al mismo tiempo caí en la cuenta de que había una necesidad social importante que no estaba satisfaciendo la asistencia sanitaria universal de una socialdemocracia orientada al Estado de bienestar, como lo es Canadá. Se hizo patente que algunas personas necesitaban filósofos en sus vidas, al menos en determinados momentos críticos.

IKEDA: Y veo que usted respondió a tal necesidad con una acción sincera. Desde entonces, basado en la filosofía antigua y contemporánea, ha venido ofreciendo a la gente un tipo de orientación que pone en juego la sabiduría y la esperanza para resolver sus conflictos.

La forma de interpretar un problema —cualquiera sea su naturaleza— puede tener un efecto positivo o negativo en nuestra vida. Si nuestra interpretación es positiva, la dificultad puede obrar como un estímulo del crecimiento personal.

Así y todo, y aun cuando se trata de un propósito sumamente noble, no es nada sencillo utilizar los recursos de la sabiduría y el diálogo para alentar y apoyar a los semejantes. Justamente, Sócrates, Platón y Shakyamuni fueron maestros en este tipo de diálogo.

MARINOFF: Grandes maestros, sin duda. Muchos libros imperecederos del mundo antiguo se escribieron en forma de diálogo.

Para mí, el asesoramiento filosófico se origina en las bases de la sociedad. Lo iniciaron ciudadanos, no filósofos. La gente corriente sacó una conclusión brillante: puesto que la filosofía podía tratar cuestiones sociales, también podía tratar cuestiones personales. Así pues, el asesoramiento filosófico surgió como respuesta a una demanda de la ciudadanía. Con los años, esa demanda ha aumentado en todo el mundo. Mi motivación, entonces como ahora, ha sido simplemente responder con el convencimiento de que puedo ayudar.

Manifestar nuestra nobleza inherente

IKEDA: La gente corriente como punto de origen... ¡Qué relato sublime...!

No hay nadie que viva exento de problemas; todos, tarde o temprano, experimentamos algún tipo de sufrimiento o de dolor. Incluso las personas aparentemente felices o despreocupadas suelen tener alguna aflicción interior que no se ve a simple vista. Victor Hugo ha dicho: «Hasta la vida del más próspero tiene, en verdad, más días de tristeza que de alegría; por eso, tenemos afinidad con los cielos nublados.»[3]

En cierto sentido, la vida es una sucesión de penurias y desdichas. Lo importante es hallar el modo de superarlas y de convertir cada adversidad en ímpetu para avanzar. Cuando logramos cambiar nuestro punto de vista, descubrimos que los problemas son, justamente, lo que nos ayuda a crecer como personas. Son el combustible que impulsa y acelera nuestro motor interior.

Una enseñanza budista postula que los deseos mundanos pueden ser un trampolín que nos proyecte hacia la iluminación. El fuego de la sabiduría solo se puede encender con los leños de las afliccciones humanas; su luz es lo que nos motiva a buscar la felicidad interior.

Por ende, lo esencial es aprender a alimentar con los leños del sufrimiento el proceso que, en la Soka Gakkai Internacional, llamamos «revolución humana». Es allí donde se tornan indispensables la indagación y la práctica basadas en una sólida filosofía.

MARINOFF: Las doctrinas budistas son convincentes y eficaces para ayudar a las personas a transformar su sufrimiento. Estas enseñanzas deben presentarse más concienzudamente a las personas que han estado sobreexpuestas a la psicología o la ideología, y poco expuestas a la filosofía.

Doy consejo a clientes de toda clase y condición. Todos comparten el deseo de remediar sus dificultades y aprender el valor, el propósito y el significado de su vida.

IKEDA: De manera consciente o inconsciente, todos vivimos en busca de plenitud y de sentido. Pero, por mucho empeño que pongamos en la búsqueda, nunca hallaremos estos valores fuera de nosotros mismos. La clave se encuentra en el interior del ser humano. Como dice el aforismo: «Ponte a cavar en el lugar donde tienes los pies. Allí encontrarás la vertiente.»

Me parece muy noble su afán de emplear el diálogo para esclarecer las inquietudes más profundas de las personas; para infundir en sus clientes una fresca brisa de aliento que les permita descubrir su fuerza interior y confrontar sus dificultades.

MARINOFF: Muchas gracias. En realidad, este trabajo me ha enseñado que la nobleza es inherente al hombre. En mi consulta, el objetivo último del diálogo es ayudar a mis clientes a poner de manifiesto su nobleza inherente. Esto, a su vez, les permite trabajar hacia la plenitud con mayor claridad, renovadas energías y una determinación duradera.

¿Esta concepción del asesoramiento filosófico tiene un equivalente en el budismo Mahayana?

IKEDA: Así es. El budismo Mahayana enseña la práctica de la ofrenda, una de las tres prácticas que realizan los *bodhisattvas*.[4] Hay tres clases de ofrenda: las dos primeras consisten en dar ayuda material y en brindar la Ley o las enseñanzas que conducen a la iluminación. La ofrenda, entonces, es una práctica que permite a los *bodhisattvas* cumplir el noble juramento de lograr la Budeidad en forma personal, ayudando simultáneamente a otros a que también se iluminen.

Por extensión, es razonable considerar que la prescripción de tratamientos o remedios por parte de la ciencia médica es una forma de ofrenda material. No hay modo de negar la importancia de la atención médica a la hora de superar las enfermedades. El asesoramiento filosófico que usted proporciona es afín con el espíritu de ofrendar la Ley, porque lo que usted hace es enseñar a las personas el camino hacia la felicidad.

El tipo restante de ofrenda consiste en infundir valentía a los semejantes; es decir, eliminar sus temores e impartir serenidad espiritual. Esta práctica da a las personas el valor de confrontar y superar sus dificultades, idealmente sin el más mínimo temor, tanto en la vida cotidiana como en los negocios y en cualquier otro campo del quehacer humano.

El budismo Mahayana enseña que la práctica del *bodhisattva* abarca estas tres clases de ofrenda. En verdad, esta debería ser la inclinación primordial de todos los líderes y educadores.

El propósito del budismo es cultivar un estado interior en el cual cada persona, trascendiendo todo temor y manifestando supremo valor y sabiduría infalible, trabaje por la paz y el bienestar de los demás.

MARINOFF: Su explicación de las prácticas del *bodhisattva* resulta instructiva y esclarecedora, sobre todo para los occidentales, ya que nos proporciona un contexto ennoblecedor, en lugar de estigmatizador, para lidiar con las preocupaciones de la vida. ¿No es cierto que Nichiren arrojó luz sobre este camino?

IKEDA: Como usted sabe, Nichiren[5] —en cuyas enseñanzas se basa el movimiento de la Soka Gakkai Internacional— expone reiteradamente que las dificultades ennoblecen y elevan al ser humano:

«Surgirán dificultades, que deberán considerarse prácticas "pacíficas".»[6]

«Uno solo puede demostrar su verdadera fortaleza cuando vence a un enemigo poderoso.»[7]

«El hierro se convierte en una magnífica espada cuando es sometido al fuego y a los golpes. Los venerables y sabios son puestos a prueba ante el insulto.»[8]

«En lugar de esperar buenas épocas, den los malos tiempos por sentados.»[9]

Obrar bien en la vida cotidiana

MARINOFF: ¡Maravillosos mensajes de aliento! Según lo entienden la filosofía india antigua y después el budismo, nuestros peores enemigos son los estados mentales ilusorios y las expectativas poco realistas. El bienestar económico y la complacencia han llevado a muchos occidentales a esperar una vida sin dificultades. Por consiguiente, han quedado inermes ante la tormenta de la existencia. Las enseñanzas budistas de Nichiren ofrecen un buen refugio contra esta tormenta, aunque muchas personas no están preparadas para comprenderlas y llevarlas a la práctica; a menudo necesitan una instrucción gradual, paso a paso.

IKEDA: Es un principio universal que, si no me equivoco, también debe de emplearse en el asesoramiento filosófico...

Quiero agradecerle —como fundador de ambas instituciones— su valiosa presencia en las ceremonias de graduación de la Universidad Soka y del Instituto Superior Soka de Señoritas, en marzo de 2007. En mis palabras de felicitación, me tomé la libertad de citar dos observaciones suyas. Los seres humanos —dijo usted— tienen la facultad innata de aprovechar positivamente las circunstancias adversas. Y dijo también que una vida genuinamente digna y victoriosa es la que se construye a fuerza de trascender el sufrimiento y de crear valor.[10]

Al término de la ceremonia, numerosos estudiantes comentaron que estas dos reflexiones les habían parecido especialmente alentadoras. Muchos de ellos, además, siguieron recordando sus palabras después de ese día, en su vida adulta.

MARINOFF: Me alegra haber ejercido una influencia positiva sobre ellos. La verdadera victoria de la humanidad se producirá cuando se libere a todas las personas del sufrimiento. Esta liberación es el objetivo del Gran Vehículo, el budismo Mahayana. Significa superar, no eludir, las dificultades. Las personas pueden alcanzar los mejores resultados en las peores circunstancias, pero pueden volverse consentidas y negligentes en condiciones favorables. Entonces se hacen insensibles al sufrimiento de los demás, cosa que a su vez limita su potencial para el crecimiento espiritual.

En una de mis obras lo cito a usted a propósito de este tema: «La vida posee un potencial realmente insondable [...]. En la mayoría de casos, nuestras supuestas "limitaciones" son solo nuestra propia decisión de limitarnos.»[11] Tal como usted da a entender, los seres humanos tienen la capacidad de superar sus autoimpuestas limitaciones. Una vez que logramos derribarlas, resulta cada vez más difícil que otras personas nos encierren entre muros limitadores.

IKEDA: Así lo creo. Y los únicos que podemos romper nuestras barreras somos nosotros mismos. En suma, el ser humano es el parámetro y el punto de partida de todas las cosas. Nichiren enseña: «Aunque se ha puesto como ejemplo a una sola persona, el principio se aplica por igual a todos los seres.»[12]

Para poder triunfar, cada persona necesita una filosofía que encienda su pasión, su fe y su esperanza... Pero, ante todo, ¿cómo define usted la filosofía?

MARINOFF: La filosofía es el amor por la sabiduría. No obstante, muchas personas le tienen miedo, y no siempre sin justificación, puesto que la asocian con un esfuerzo mental legendariamente difícil. Las ideas más esotéricas de la filosofía teórica —como las de la física teórica y la matemática pura— solo las comprende un número de personas relativamente reducido.

Sin embargo, al mismo tiempo, la filosofía siempre ha tenido una dimensión práctica además de la teórica, y sus aplicaciones son accesibles a la inmensa mayoría de la gente. Aristóteles, quizá el filósofo más influyente de la civilización occidental, da prioridad a la sabiduría práctica.

Por ejemplo, dice que las personas no se vuelven buenas únicamente por contemplar la verdad (como nos lo haría creer Platón), sino ejerciendo la bondad; es decir, haciendo buenas obras en la vida cotidiana. Así pues, para Aristóteles (igual que para muchos filósofos prácticos), la filosofía en realidad significa dos cosas: contemplar la sabiduría y practicar maneras de vivir sabiamente.

LAS PREGUNTAS AMPLÍAN NUESTRA VIDA

IKEDA: Y usted propone una filosofía práctica, orientada a poner en acción la sabiduría. La palabra «filosofía» deriva del griego *philosophia*, que, como usted bien señala, denota el amor (*philos*) por la sabiduría (*sophia*). Durante el período Meiji (1867-1912), puesto a traducir este concepto, el filósofo Nishi Amane acuñó el término japonés *tetsugaku*, formado por los caracteres *tetsu*, «sabiduría» y *gaku*, «estudio». Por ende, *tetsugaku* sería el «estudio de la sabiduría».

Me interesa saber cómo diferencia usted la filosofía de la ideología.

MARINOFF: La filosofía comienza por hacerse preguntas con el propósito de descubrir y entender la verdad. En lugar de creencias, plantea dudas.

La ideología, en cambio, se fundamenta en la certidumbre, o incluso en la inflexibilidad dogmática, sobre las creencias que uno tiene o las cosas que le han enseñado. La ideología puede lavarle el cerebro a la gente, paralizando su capacidad de cuestionamiento.

IKEDA: Lo ha dicho muy claramente. Sócrates se valía de preguntas para guiar a sus interlocutores hacia el descubrimiento de la verdad... Uno de los últimos libros que usted ha publicado se titula en inglés, oportunamente, *The Big Questions* [Las grandes preguntas], o *Pregúntale a Platón*, en la edición española. En una época que vuelve las espaldas a la filosofía, los seres humanos dejan de hacerse preguntas. Como usted señala, el punto de partida de la filosofía es la indagación: cuanto más grande es la pregunta, más profunda es la pesquisa. Las preguntas expanden nuestra vida.

Es más, cada interrogante esencial trae consigo la posibilidad de un gran descubrimiento y de una inmensa conquista. Quizá el verdadero significado de la existencia humana se encuentre en una vida de búsqueda perpetua, en arriesgarlo todo con tal de hallar respuesta a las grandes preguntas...

La comodidad y la indolencia no se llevan bien con las grandes preguntas. Por el contrario, los interrogantes que dan profundidad a nuestra vida son los que surgen cuando ponemos el pecho a las dificultades en lugar de esquivarlas.

MARINOFF: Tiene mucha razón. El gran filósofo existencial Nietzsche escribe: «El hombre es una cuerda tendida... sobre un abismo.»[13] Ese abismo se abre bajo los pies de todo el mundo, aunque muchas personas no se dan cuenta de su existencia hasta que caen en él. Entonces, como bien dice, se ven obligadas a formularse las grandes preguntas.

¿Cuáles fueron sus influencias al formarse como filósofo? ¿Quién le alentó a hacerse las grandes preguntas?

IKEDA: No podría describir mi vida sin nombrar a mi maestro, el educador Josei Toda, quien fue además el segundo presidente de la Soka Gakkai. Todo lo que soy y lo que he podido hacer con mi vida se lo debo íntegramente a mi mentor. Por eso, mi misión ha sido cumplir su deseo más ferviente: la paz y la felicidad de toda la humanidad. Toda fue un docente y un practicante budista de gran altruismo; un líder del pueblo que sabía infundir esperanza y valentía ilimitadas a sus semejantes. Comprendía de manera profunda las conclusiones esenciales de la filosofía y sabía transmitírselas a la gente de manera sencilla y comprensible.

Una vez, dijo:

> La filosofía no es tan complicada ni tan difícil de entender como parece en los tratados de Descartes o de Kant. Algunos creen que no saben nada de filosofía porque no fueron a la universidad... Pero filosofar no es otra cosa que pensar.
>
> Un ejemplo elemental de filosofía es el que encontramos en las crónicas de ficción de Mito Mitsukuni [un señor

feudal que viajaba de incógnito por todo el Japón haciendo justicia y defendiendo a los desposeídos]. En una de sus travesías, Mito se dirige a una anciana campesina para pedirle un poco de agua, tras lo cual se reclina a descansar sobre un saco de arroz. La mujer, sin reconocer con quién estaba hablando, lo reprende duramente por su insolencia: «¡Cómo se le ocurre sentarse sobre un costal destinado al señor feudal de Mito!» Avergonzado, Mito inclina la cabeza y se disculpa.

Desde luego, el relato tiene un costado irónico. Pero la filosofía de vida de esa anciana era entregar orgullosamente al señor feudal el arroz que ella había cosechado con tanto desvelo.

La filosofía implica, pase lo que pase, proclamar los principios que uno considera correctos.[14]

MARINOFF: Un maravilloso ejemplo, cómico y serio al mismo tiempo. Fue muy afortunado al hallar tan gentil mentor en Toda. Ahora entiendo mejor el origen de su persistente y admirable compromiso con la filosofía práctica.

IKEDA: No hay que pensar que la filosofía o el saber son artificios o poses que uno debe adoptar para impresionar a los demás. Tampoco debemos creer que la filosofía es propiedad exclusiva de los académicos o filósofos, o que es un ámbito alejado de nuestra vida cotidiana. A mi entender, la filosofía está abierta a todas las personas sinceras y serias, sea cual fuere su nivel educativo o su posición social. La verdadera filosofía florece en la conducta de cada individuo que procura vivir de manera correcta y decente, sin dejarse seducir por la fama o la riqueza. En este sentido, doctor Marinoff, opino que su afán de devolver la filosofía al plano de la gente común y de aplicarla ampliamente a la vida cotidiana es un potente faro de esperanza que alumbra el futuro de la humanidad.

Segunda conversación

El agradecimiento a nuestros padres

IKEDA: Sus libros, en cierta medida, rebaten el extendido prejuicio de que los escritos filosóficos son complicados y difíciles de entender. A sus títulos anteriores, grandes éxitos de ventas, se acaba de sumar su último volumen, *El ABC de la felicidad*,[1] que ha tenido una excelente repercusión en varios países del mundo. Muchos lectores reflexivos observan con serio interés su forma de aplicar a los problemas de la sociedad contemporánea la tradicional sabiduría de la moderación, inspirada en las tradiciones aristotélica, budista y confuciana, que para usted constituyen el ABC de la ética de la virtud.

MARINOFF: Gracias por tan amable introducción a los temas clave que aborda *El ABC de la felicidad*. A lo largo del libro, lo he citado a usted como líder ejemplar, maestro e innovador de la tradición budista Mahayana.

Lectores de todo el mundo están leyendo *El ABC de la felicidad*, y espero que influya en ellos para bien. Sin duda ha ayudado a muchos ciudadanos corrientes a entender mejor y a resolver las tensiones en nuestra aldea global. Como ya hemos señalado, la gente corriente puede lograr grandes cosas.

IKEDA: Creo que la noción del Camino Medio cobrará mayor relevancia en el futuro, dado que esclarece la creación de una sociedad donde todas las personas puedan vivir en simbiosis y en armonía.

Un solo libro puede ejercer una influencia insospechada. Las ideas impresas trascienden el tiempo y el espacio, y cambian el modo de pensar de la gente a través de las épocas y de las fronteras geográficas. Consciente de ello, espero que este diálogo también aliente y anime a personas de todo el mundo, tanto hoy como en el futuro.

En esta conversación, le propongo que nos enfoquemos en la educación familiar. Quisiera, también, que nos cuente algo sobre sus progenitores. Entiendo que su padre, un hombre amante de la literatura y de las artes, falleció cuando usted tenía quince años. Imagino que su muerte habrá sido algo sumamente penoso y difícil de afrontar. ¿Cuáles son los recuerdos más gratos que guarda de su padre?

MARINOFF: La vida de mi padre, así como su muerte, influyeron poderosamente en mi apreciación de la erudición y en el hecho de dedicar la vida al aprendizaje. Fue un hombre inteligente que tuvo una vida difícil y relativamente corta, sin la oportunidad de cursar estudios superiores. Sin embargo, eso no le impidió adquirir un profundo gusto por la literatura, la poesía, la filosofía, la psicología, el arte, el deporte, la música y el ajedrez. Leía mucho y desde la infancia me inculcó su aprecio por las actividades culturales.

También trabajó duramente para pagar colegios privados que, en su mayoría, no estaban al alcance de sus modestos recursos económicos. Se sacrificó mucho para ofrecerme los beneficios de una educación privilegiada, cosa que a él le había sido negada. Mi deuda para con él es inestimable.

Ser agradecidos con los semejantes

IKEDA: Aprecio profundamente su hermoso sentido de la gratitud filial y el reconocimiento con que usted habla de su padre. Si hay algo que enriquece nuestra condición humana es vivir conscientes de lo mucho que debemos a los demás y tener presente el deseo sincero de retribuir a los semejantes. En cambio, quien olvida sus deudas de gratitud obstruye el camino de su propio crecimiento personal. Siempre trato de transmitir a los jóvenes la importancia de respetar y de cuidar a los padres.

Como su ejemplo demuestra cabalmente, la capacidad de agradecer a los progenitores —aunque parezca una nimiedad— prueba nuestro desarrollo como seres humanos. Mi maestro era muy estricto con las personas desagradecidas o desconsideradas con sus propios padres. Todavía recuerdo con qué severidad reprendió a un joven que había hecho sufrir a sus mayores: «¡Deberías saber cuánto han llorado por tu causa!»

Toda decía que un mal hijo no tiene posibilidad de ser feliz ni de aspirar a la grandeza, y repetía, también, que «el que no ama a sus padres, no ama a nadie, pues la esencia de la revolución humana yace en revertir la ausencia de amor compasivo».

MARINOFF: Se trata sin duda de una gran verdad. Oriente y Occidente convergen en este punto. Las culturas confucianas hacen hincapié en la piedad filial y la tradición judeocristiana enseña los mandamientos de Moisés, que comprenden el «honrar a tu padre y tu madre». Cuando los hijos dejan de honrar a sus padres, la sociedad se desintegra.

Aunque cada uno solo tiene un padre biológico, existen otras figuras paternas en forma de mentores y sabios. Si abrimos la mente a tales figuras, podemos estar seguros de hallar una guía para toda la vida tal como la que usted recibió de Toda.

Si bien mi padre está enterrado en un cementerio judío, en su lápida hay una inscripción de los *Rubaiyat* de Omar Jayam, su poeta persa favorito: «Llegué como el agua, y como el viento me voy.»[2]

IKEDA: Su padre, como acabo de apreciar, fue un hombre de mente abierta y de corazón generoso, que vivió de manera ejemplar. Aunque el tiempo fluya como el agua o corra como el viento, estoy seguro de que ese padre, que usted tanto venera, aún hoy sigue velando por usted porque vive en su corazón. Creo que él se sentiría muy feliz de verlo emplear la filosofía para tratar y alentar a incontables personas. En ese sentido, su triunfo como hijo es, también, la victoria de su padre.

MARINOFF: Agradezco que me haya brindado la oportunidad de tan sentida evocación. Sí, mi padre estaría en efecto muy orgulloso de ver que sus enormes esfuerzos no fueron en vano y que han dado un fruto filosófico para muchas personas de distintas partes del mundo. Como bien dice usted, este es su triunfo, ya que con mi trabajo honro su memoria a diario.

IKEDA: ¿Qué consejo o aliento daría a los jóvenes que han perdido a sus padres?

MARINOFF: A los niños y jóvenes que han experimentado tan sentida pérdida, les diría que en realidad los padres de uno nunca se marchan del todo. Su sabiduría y su virtud persisten en la vida y las obras de sus hijos y sus nietos.

Los padres son guías que nos abren el primer camino a una vida de aprendizaje. Debemos tener la valentía de seguir ese camino allá donde conduzca, y ser agradecidos cuando, de tanto en tanto, aparecen otros guías. ¿No decía Confucio que consideraba a todos los hombres como instructores suyos?

IKEDA: Sí, eso decía. En las *Analectas*, leemos lo siguiente: «Cuando camino junto a dos personas, sé que allí habré de encontrar a mi maestro.»[3] Esto me recuerda al laureado escritor japonés Eiji Yoshikawa, quien decía que todos eran sus mentores; en ello se manifestaba su humilde disposición a aprender a cada instante.

Las personas siempre abiertas al aprendizaje y dispuestas a desarrollarse, en cualquier momento o circunstancia de su vida, son libres de manifestar un potencial ilimitado. La humildad y el deseo de crecer hacen brillar más aún las preciadas gemas espirituales que uno hereda de los padres. Esta es otra manera de mantenerlos vivos en nuestro corazón y de atesorar su presencia constante junto a nosotros.

A propósito de esto, tengo entendido que sus abuelos también fueron personas maravillosas...

MARINOFF: Eran muy trabajadores y francos, y transmitieron muchas virtudes a sus hijos y nietos. Huyeron de una vida de privaciones y persecución en Rusia, en busca de libertad, seguridad y oportunidades en Norteamérica. Felizmente casados durante cincuenta y siete años, hasta que mi abuelo falleció, vivieron para el futuro de sus hijos y nietos. Esto es muy importante. Nosotros, los educadores, debemos entender que los niños son seres del futuro.

IKEDA: Al igual que usted, creo que los niños son los emisarios del mañana. Todos los adultos —y no solo los padres— debemos velar responsablemente por el futuro de nuestros jóvenes.

En lo que a mí respecta, tengo la costumbre de tratar a todos los niños como a adultos independientes. ¡Cuánto más humana sería la sociedad si todos obráramos y pensáramos poniendo en el centro la felicidad de estos «seres del futuro»...! Por eso insisto en que debemos abandonar una educación al servicio de los requerimientos sociales, en favor de una sociedad que responda a las necesidades educacionales.

Volviendo a su familia, he oído que su madre todavía goza de buena salud. Qué maravilla...

UNA MADRE QUE ALIENTA LA CREATIVIDAD

MARINOFF: Sí, es una persona muy espiritual que, aun casi nonagenaria, sigue escribiendo poesía. Mis padres se complementaban muy bien. Él hacía hincapié en la disciplina; ella alentaba la creatividad.

El énfasis de mi padre en la disciplina me enseñó la virtud

y el valor del trabajo duro, el método y la perseverancia. Él esperaba que yo aspirase a una profesión como la de médico o abogado, cosa que sin duda él mismo habría hecho si hubiese tenido ocasión. De ahí que me inculcara las numerosas virtudes de la profesionalidad.

El aliento de mi madre me llevó a aprender pintura, música, poesía y oratoria. Ella pronto tuvo claro que yo no iba a seguir un camino predefinido. Comprendió que yo estaba dotado de energía creativa e independencia de pensamiento, rasgos distintivos de todo filósofo.

Estos dones fueron motivo de orgullo pero también de preocupación para mis padres, ya que a veces no acertaban a imaginar qué iba a ser de mí. Aun así, tuve la suerte de crecer durante la edad de oro del capitalismo, cuando la clase media floreció, y de contar con la bendición de una familia que me brindó todas las oportunidades para desarrollar mis capacidades y me alentó a perseguir mis intereses.

IKEDA: Esta armonía complementaria entre sus padres sugiere un modo de relación ideal.

Hablando de armonía y de proporciones, mi maestro Toda fue un matemático brillante, además de educador. Antes de la Segunda Guerra Mundial, escribió un libro de texto muy famoso, *Suirishiki shido sanjutsu* (*Guía de aritmética deductiva*, publicada en 1930), que vendió más de un millón de ejemplares.

Toda me enseñó mucho sobre la educación familiar. Recuerdo, por ejemplo, este consejo suyo:

> Como los enojos de una madre responden a su profundo amor maternal, ni siquiera sus reprimendas más estrictas tienen efectos perniciosos; antes bien, hacen reflexionar al hijo sobre su comportamiento. En cambio, la censura paterna puede percibirse como una expresión de dureza y frialdad, y, contrariamente, empujar al hijo a una conducta problemática.

Toda advertía que cuando los hijos son castigados por

el padre y la madre al mismo tiempo, se sienten acorralados y desprotegidos.

Alentaba a los progenitores a «despedir a los hijos con un gesto afectuoso cuando estos partían rumbo a la escuela» y a «llamarlos seguido por teléfono cuando, por razones de trabajo, debían ausentarse largo tiempo del hogar». Creía que a los hijos debía dárseles libertad; pero, al mismo tiempo, aconsejaba a los padres que siempre supieran dónde estaban sus hijos y que los cuidaran a cada momento.

Sus consejos denotaban sutileza y sensibilidad. En efecto, las pequeñas demostraciones de afecto y cuidado suelen tener un efecto enorme en los niños y en la vida hogareña en general. A título personal, cada una de sus recomendaciones resultó ser un apoyo extraordinario para mí y para mi esposa. Sus orientaciones, siempre concretas y directas, se fundamentaban en las enseñanzas del budismo Nichiren. Hasta el día de hoy, sigo sintiéndome afortunado y agradecido de haber tenido un maestro como él.

Los niños, por otro lado, viven observando a sus padres; en tal sentido, les hace mucho daño verlos pelear o crear discordia. Es importante que los integrantes de una pareja se complementen y construyan juntos un hogar sabio y alegre, donde los niños puedan crecer en libertad. Volviendo a los suyos, ¿cuál fue el período más difícil que debió atravesar su familia?

LA CRUELDAD Y LA BARBARIE DE LAS GUERRAS

MARINOFF: Todas las familias heredan episodios de sufrimiento y conflictos, y la nuestra no fue la excepción. La Segunda Guerra Mundial afectó a todos nuestros parientes directos. Al único hermano de mi madre, un aviador que tenía mucho talento y era toda una promesa como escritor, lo mataron en Europa. Mi padre sirvió en la infantería canadiense que ayudó a liberar el norte de África, Francia e Italia de la ocupación nazi.

Cuando se enteró del Holocausto, decidió contribuir al nacimiento del Estado de Israel y en 1947 se alistó en su fuerza defensiva provisional, la Haganá. Las graves heridas que sufrió durante la guerra árabe-israelí de 1948, poco después de la Segunda Guerra Mundial, acortaron considerablemente la vida de mi padre.

Aun así, mis padres me otorgaron no solo el don de la vida, sino una infancia luminosamente feliz y una adolescencia idílica. Me ayudaron a prepararme para una difícil mayoría de edad y para los futuros desafíos que mi madre tuvo la clarividencia de prever y que mi padre (de haber vivido) habría estado orgulloso de verme aceptar.

Gran parte de la humanidad se vio afectada por las calamidades de la Segunda Guerra Mundial y sigue padeciendo sus secuelas. Creo que la guerra también tuvo serias consecuencias para usted y su familia.

IKEDA: Lamentablemente, sí... Nada es tan cruel y brutal como la guerra.

Con los años, he tenido varias oportunidades de reunirme a dialogar con mi amigo Mijaíl S. Gorbachov y de estrechar más aún nuestra amistad. Ambos somos coautores de un libro titulado *Moral Lessons of the Twentieth Century* [Las lecciones morales del siglo XX, aún no traducido al español]. En este volumen, Gorbachov manifiesta: «Fuimos niños sobrevivientes de la guerra. Si se olvida este hecho fundamental, no hay forma de entender la vida y los actos de nuestra generación.»[4]

La guerra hizo trizas nuestros mejores años. Mis cuatro hermanos, uno tras otro, fueron llamados a filas en la flor de su juventud.

Mi padre, en aquella época, sufría de artritis reumática. Así que, aun adolescente, debí convertirme en el principal sostén de mi familia. Trabajaba en una fábrica de municiones; como sufría de tuberculosis, a menudo expectoraba sangre.

A veces, durante las incursiones aéreas, salíamos todos huyendo entre las llamas, pensando solo en sobrevivir. Durante la guerra perdimos nuestra casa, de modo que buscamos una zona más segura y nos pusimos a levantar una nueva vivienda. Trágicamente, un día después de habernos instalado por fin, cayó una bomba sobre la vivienda y esa casa flamante se incendió de arriba abajo.

Mi hermano mayor fue uno de los incontables jóvenes que perdieron la vida en esta guerra: murió a los veintinueve años en Birmania (hoy Myanmar), en acción de combate. Mis padres se aferraron a la esperanza de verlo regresar con vida, hasta que, en mayo de 1947, dos años después de haber terminado la guerra, recibieron la notificación oficial de su muerte. Nunca olvidaré la congoja indescriptible de mi madre, una mujer normalmente fuerte y alegre.

Me opongo rotundamente a la guerra, sean cuales fueren las razones con que alguien pretenda legitimarla. A decir verdad, mis experiencias familiares fueron el origen de mis posteriores iniciativas pacifistas y antibélicas. Cuando un país está en guerra, nadie sufre tanto como las personas comunes, desprovistas de todo poder; nadie sufre tanto como las mujeres y, especialmente, las madres. La guerra es una tragedia que debemos erradicar de este mundo.

Con respecto a la deuda de gratitud que lo unía a su madre y a su juramento de servir al pueblo, Nichiren escribe:

> Desde que comprendí que solo el *Sutra del loto* expone la iluminación de las mujeres, y que este es el único *sutra* de la verdadera retribución que nos permite saldar la deuda de gratitud con nuestras madres, he jurado hacer que todas las mujeres entonen el *daimoku* [es decir, el *Nam-myoho-renge-kyo*] de este *sutra* para retribuir lo mucho que yo le debo a mi propia madre.[5]

Creo que el respeto a las mujeres y el agradecimiento a las madres son dos aspectos esenciales que debería tener toda filosofía que aspire a crear un mundo pacífico y armonioso.

El poder de las buenas mujeres

MARINOFF: Tal como digo en *El ABC de la felicidad*, las facultades de las mujeres deben desarrollarse por completo. Conseguirlo requiere igualdad de oportunidades, aunque dicha igualdad no baste para resolver todos los problemas ya que siempre conducirá a resultados desiguales. Lo más importante es la armonía entre los sexos.

En cierto sentido, es más duro ser mujer que ser hombre. Muchas de las mujeres que acuden a mí en busca de asesoramiento desean tener y criar hijos, pero también quieren tener éxito en su carrera profesional. Hacer todo esto a la vez es difícil. Ahora mismo se están llevando a cabo experimentos sociopolíticos a gran escala en este campo. Nadie puede prever todas las consecuencias de la ingeniería social que se está desarrollando.

IKEDA: Construir un mundo solidario, humano y considerado solo será posible en una sociedad donde las mujeres se sientan libres de formar una familia, sin por ello tener que renunciar a un activo protagonismo fuera del hogar. Ante tal necesidad, debemos pensar y esforzarnos mucho más aún por crear un sistema social que fomente una mayor participación de la mujer.

Casi todas las sociedades reflejan un orden tradicionalmente masculino, centrado en los valores e intereses del varón; así pues, no se han permitido utilizar o desarrollar con plenitud la sabiduría y la participación distintiva de las mujeres. Pero el mundo actual, signado por la crueldad y la lógica de la violencia, necesita cambios asociados a la perspectiva de la mujer, más enfocada en la justicia, la reverencia a la vida, el amor a la paz y la capacidad de entablar redes y lazos interpersonales. Creo que la sociedad se revitalizaría muchísimo si supiera dar más cabida e inclusión a la sensibilidad y la sabiduría flexible de las mujeres.

Ralph Waldo Emerson exaltaba la conversación sagaz, culta y aguda de las mujeres; decía que «por todo esto y por su influencia social, las mujeres son las grandes civilizadoras de la humanidad. ¿Qué es la civilización? Yo digo que es el poder de las buenas mujeres».[6]

Espero que, más adelante, sigamos debatiendo el papel de la mujer desde otros ángulos, en relación con el futuro mejoramiento de la sociedad.

Tercera conversación

Despertar el «filósofo interior»

IKEDA: Usted preside el Departamento de Filosofía del City College of New York, la institución insignia de la Universidad Metropolitana de Nueva York [CUNY]. El City College fue fundado por Townsend Harris, el primer cónsul general de los Estados Unidos en el Japón. Harris llegó a mi país en 1856 y fue un gran promotor de la apertura japonesa al mundo.

El City College abrió sus puertas en 1847, aunque en su primera etapa se lo conoció como Academia Libre de la Ciudad de Nueva York. Pocos japoneses saben que Harris trabajó muchísimo para poder crear esta casa de estudios superiores, abierta a toda la población.

MARINOFF: El Townsend Harris Hall, edificio que lleva su nombre, se yergue majestuoso en el campus, y la biblioteca alberga sus diarios y documentos públicos, así como una bandera estadounidense que una vez ondeó sobre el consulado general en Shimoda, Japón.

IKEDA: Harris postulaba que las puertas de la educación debían estar abiertas a todos. En su labor por mejorar la sociedad y promover la felicidad de la gente mediante la educación, se aprecia su profundo amor a la humanidad.

En la Universidad Soka del Japón, siempre hemos entendido que las universidades deben existir en bien de las personas que no pueden asistir a ellas. Hemos diseñado carreras a distancia, con el afán de abrir la universidad a todos los que quieran estudiar.

En un discurso que usted pronunció en la Universidad Soka de los Estados Unidos (en 2003), dijo que la universidad ideal era un espacio de convergencia entre buenos docentes y buenos estudiantes, dispuestos a aprender unos de otros y a inspirarse mutuamente. Es una observación muy valiosa. En la raíz de cualquier institución educativa —esta es mi convicción—, deben conjugarse la humilde voluntad de aprender juntos y un hondo amor a la humanidad.

En su opinión, ¿qué cualidades definen a un buen profesor?

MARINOFF: Aprender es la primera condición; mantener la mente abierta por el puro gusto de formarse. Ser un buen profesor es dedicarse al estudio de por vida. Aprendemos a través de nuestras investigaciones y de las publicaciones de nuestros coetáneos; aprendemos de nuestros colegas; y quizá sobre todo aprendemos de nuestros alumnos mientras les damos clases. Una y otra vez, he descubierto que impartir un curso me proporciona una manera inestimable de profundizar en mi propio aprendizaje.

De cara a compartir mis métodos de enseñanza, permítame hablar de mi curso de Introducción a la Filosofía. Me gusta *dictar esta asignatura* porque la mayoría de alumnos todavía no saben casi nada de Filosofía, de modo que se muestran entusiasmados y bien dispuestos frente a la investigación. De entrada, los animo a interrogar. Esto es lo opuesto al método habitual, en el que las preguntas se formulan después de la instrucción. Sin embargo, yo les digo que, aunque tal vez les dé una respuesta estúpida, las preguntas estúpidas no existen. Lo importante es la curiosidad. Y esto los anima a inquirir.

IKEDA: Es un magnífico enfoque de la enseñanza, del cual todos deberíamos aprender. La educación es un verdadero arte.

Si los profesores enseñan de manera unilateral y su principal intervención docente es cargar de datos la cabeza de los jóvenes, estos no tienen espacio para desplegar su natural deseo de aprender y descubrir. En cambio, la prerrogativa de un educador es considerar seriamente las preguntas de sus alumnos sobre el origen y la causa de las cosas, y centrarse en desarrollar ese espíritu inquisitivo. La labor de un docente es brindar estímulo y aliento, inculcar a los estudiantes la confianza de tomar la iniciativa en la búsqueda del conocimiento. En tal sentido, es una misión inmensa. Desde mi punto de vista, cuando un maestro enseña con actitud altanera, creyendo saberlo todo, se descalifica como educador. Por tal razón, doctor Marinoff, su empeño en fomentar la curiosidad natural de los jóvenes y su deseo de aprender, basado en su disposición a crecer juntos, me parece un excelente ejemplo que todos los educadores deberían emular.

SABER ESCUCHAR VUELVE MÁS PROFUNDO EL DIÁLOGO

MARINOFF: El diálogo que venimos manteniendo me suscita la impresión de que usted es muy hábil haciendo preguntas para provocar respuestas en los demás. Su maravillosa habilidad para hacer esto me recuerda a Sócrates, que se servía de preguntas geniales para llegar a la esencia de las cosas.

Al mismo tiempo, usted es una persona que sabe escuchar. La capacidad de escuchar es fundamental para que el preguntar no se convierta en un interrogatorio. Escuchar a la otra parte hace más profundos el entendimiento y el intercambio de ideas; por consiguiente, impulsa el diálogo.

IKEDA: Escuchar, aunque parezca una intervención inerte, es una forma muy creativa de generar un diálogo productivo. El budismo otorga importancia primordial a la capacidad de escuchar: «En este mundo *saha* [el mundo humano atravesado de sufrimientos] la facultad de escuchar es lo que permite a las personas entrar en el Camino.»[1]

MARINOFF: El cuestionamiento sincero que he oído en estudiantes de las escuelas Soka de Japón[2] y en la Universidad Soka de los Estados Unidos me ha causado una impresión muy favorable. Sus agudas preguntas indican que son los filósofos del futuro.

Los niños, por cierto, son emocionalmente más vulnerables ante los comentarios desdeñosos que los adultos, así como menos capaces de defenderse del menosprecio y otros abusos verbales. Entre los primeros deberes de los padres y profesores se encuentra el de fomentar el talento y corregir los errores.

Ahora bien, el segundo de estos deberes casi siempre se consigue mejor en un clima de aliento que en uno de desprecio. Por consiguiente, deberíamos comenzar por elogiar lo que los niños o los alumnos estén haciendo correctamente.

Como entusiasta estudiante de guitarra clásica, tuve la suerte de recibir clases particulares de varios grandes maestros. Ninguno de ellos dijo una palabra desdeñosa a alguno de sus alumnos. Por mal que uno tocara —y los estudiantes a veces sucumben a los nervios y se vienen abajo—, el maestro siempre señalaba un aspecto hermoso de su interpretación para utilizarlo como punto de partida para corregir defectos graves.

ELOGIAR LOS ASPECTOS POSITIVOS

IKEDA: Es fundamental recalcar la importancia del aliento y del elogio en el crecimiento y el desarrollo de la personalidad. Sobre todo en esta época, los líderes de todos los campos harían bien en combinar un ochenta por ciento de valoración positiva y un veinte por ciento de directrices.

Los enfoques autoritarios —obligar a los niños a hacer lo que se les dice o pretender que respondan a parámetros preestablecidos— solo fomentan la rebeldía. Aunque uno consiga cierta obediencia superficial de parte de los jóvenes, será muy difícil que ellos manifiesten libremente su potencial en condiciones como esas. En cambio, usted acaba de mostrarnos la importancia de que los adultos sigan aprendiendo a la par de los más chicos.

Ya que usted trajo a colación la música, acabo de recordar algo muy sabio que dijo una vez Pablo Casals: «Enseñar es aprender.»[3]

MARINOFF: Estoy absolutamente de acuerdo con él. No solo era un intérprete de gran talento, sino también un maestro legendario.

IKEDA: Gregor Piatigorsky recuerda que una vez, en sus años de estudiante, debió tocar frente al gran músico. Tan grande era su nerviosismo, que tuvo una actuación muy poco lucida. Sin embargo, Casals exclamó: «¡Bravo, bravo!», y lo abrazó elogiando su interpretación: «¡Maravilloso! ¡Fantástico!» Convencido de que había tocado mal, Piatigorsky quedó perplejo ante la reacción del maestro.

Años después, se reencontró con el músico y le confesó que nunca había entendido la razón de sus elogios.

> El maestro corrió hacia el violonchelista.
> —¡Escucha! —le dijo—. ¿No tocaste acaso esta digitación? ¡Sí que lo hiciste! Para mí fue un acierto, una gran innovación... Y en esta otra parte, ¿no atacaste el compás con el arco hacia arriba, de esta manera? —dijo mostrándoselo con el instrumento.
> »Y en cuanto al resto —continuó apasionadamente—, olvida a los ignorantes y necios que creen que la música se juzga contabilizando errores. Yo, en cambio, agradezco cada nota, cada compás sublime, y eso es lo que tú deberías hacer.[4]

Es importante descubrir, alentar y elogiar los aspectos positivos —así sea solo uno— de la generación que habrá de sucedernos. Debemos incentivar a los jóvenes a que confíen en sí mismos.

MARINOFF: Durante mis encuentros con estudiantes de las escuelas Soka en Japón pude ver su pasión, su ánimo, su esperanza y su alto nivel de preparación. Tuve la sensación de que eran la clase de jóvenes a los que podemos confiar el destino del mundo.

IKEDA: Le agradezco mucho este comentario. Como fundador de las escuelas y universidades Soka, he trabajado sin escatimar la vida, con la sincera oración y la firme decisión de formar valores que puedan contribuir significativamente a la sociedad. Por eso sus palabras son tan reconfortantes para mí. Hoy en día, ya hay graduados de las escuelas Soka trabajando en todas partes del mundo.

Volviendo al ejemplo que citábamos antes, y tal como demostró Casals con sus discípulos, una palabra de aliento puede tener una repercusión insospechada en la vida de otra persona. Con su filosofía aplicada, usted está arrojando nueva luz sobre la importancia y el valor del aliento.

«ANIMAR» VIENE DE «ÁNIMO»

MARINOFF: Alentar es un ingrediente esencial para desarrollar el potencial humano. En lo que a esto se refiere, mis clientes, en las sesiones de asesoramiento, se asemejan a los alumnos en un aula: hay que alentarlos a inquirir, a buscar la llave que abra la puerta de sus propios recursos. La raíz de «animar» es «ánimo»; por consiguiente, animar es infundir ánimo o coraje.

En el asesoramiento, las palabras más importantes acaban diciéndolas los propios clientes una vez que el poder del diálogo libera su coraje (entre otras virtudes) y despierta al filósofo que llevan dentro. El «filósofo interior» de las personas es quien pronuncia en última instancia las palabras más significativas, cuyo reflejo luego yo les devuelvo. En ese momento dejan de necesitarme puesto que son capaces de alentarse a sí mismos.

IKEDA: Este término que usted ha acuñado, el «filósofo interior», describe cabalmente una capacidad intrínseca al ser humano.

Helen Keller se sobrepuso a una triple incapacidad (ya que era ciega y sordomuda) y llegó a ser un ejemplo de sublime valentía e inspiración para incontables personas. Fue ella, justamente, quien escribió: «La filosofía confiere a la mente el don de ver la verdad; nos transporta a un mundo donde alguien ciego, como yo, no es diferente de otros que ven.»[5]

Despertar el filósofo interior que habita en el seno de cada individuo —abrir las virtudes y la felicidad internas— pone en juego el profundo significado del diálogo y el gran reto de la filosofía práctica.

Nuestra primera conversación, publicada en japonés en la revista *Pumpkin* en junio de 2008, ha tenido una notable repercusión. Una joven lectora, en particular, se preguntaba por qué un hombre como usted, habiendo estudiado física teórica, decidió optar por la filosofía.

MARINOFF: Mi educación secundaria en el Lower Canada College incluía un programa clásico que abarcaba Artes y Ciencias. Tras mi paso por el LCC, estudié Humanidades en el Dawson College, estudié y enseñé guitarra clásica e interpreté música como profesional en varios idiomas. Después empecé Física Teórica, rama que utiliza prolijos modelos matemáticos para sondear las profundidades del mundo fenoménico.

Por etapas, llegué a darme cuenta de la relación entre la música, las matemáticas y la filosofía. Volví a centrarme en la Filosofía porque la Física Teórica —aun siendo tan bella y refinada— carece de contenido moral. No podía concebir una vida inmersa en el pensamiento que descuidara o excluyera la indagación cualitativa (a saber, fundamentada en valores).

No solo en beneficio propio

IKEDA: Respeto su profunda trayectoria y su indagación en la ética y los valores. Muchas veces he sentido que, comparada con el rápido avance de la ciencia, la ética se ha rezagado. Esta es una de las tragedias de la civilización actual. Las armas nucleares, que amenazan la supervivencia del género humano, son la muestra más cabal del desenfreno científico.

En nuestro diálogo *La búsqueda de la paz global* [*A Quest for Global Peace*, aún no publicado en español], el célebre físico y propulsor del desarme nuclear Joseph Rotblat coincidió conmigo en que la ciencia y la investigación debían basarse indispensablemente en un firme cimiento filosófico y moral. Para promover esta dimensión ética, el doctor Rotblat decía que todos los graduados universitarios, al término de su formación intelectual, debían prestar una especie de «juramento hipocrático». Escuché una opinión parecida en boca del doctor Arnold J. Toynbee, con quien escribimos *Elige la vida*. En tal sentido, vislumbro un papel cada vez más importante para la filosofía práctica, en la medida en que su propósito es elevar la vida humana aplicando de manera concreta la sabiduría de la tradición filosófica.

MARINOFF: La idea de Rotblat es tan brillante como necesaria. Los médicos contemporáneos siguen prestando el juramento hipocrático con gran ceremonia (aunque la ciencia moderna ha dejado obsoletas algunas partes del mismo) para tener presente un precepto ético fundamental e invariable: la medicina se ejerce ante todo para ayudar a los demás y no en beneficio propio. Asimismo, si bien los alumnos del LCC nos beneficiábamos de una educación privilegiada, el lema de la escuela era *Non nobis solum*, que significa «no solo para nosotros». Por eso respaldo sin reservas la idea de Rotblat. Quienquiera que reciba una educación superior debe ser consciente de que ese don tiene el objetivo de beneficiar a la humanidad.

IKEDA: No podría estar más de acuerdo. Su propia trayectoria intelectual ha sido sumamente diversa; de la Música ha ido a la Física, y de las Ciencias Exactas, a la Filosofía... Imagino que todas estas inquietudes derivan, en última instancia, de su interés por la humanidad.

MARINOFF: Todo es por ganas de entender a los seres humanos, de explorar los increíbles poderes de la mente humana y abordar la permanente necesidad de una ética humanista. Como dice el proverbio, un ciego no puede guiar a otro ciego. De modo que debemos desarrollar nuestros propios recursos a fin de comprender y ser útiles a los demás.

Me gustaría hacerle algunas preguntas. Los diversos libros suyos que he leído me han llenado de admiración. ¿Cómo alcanzó tan profundo conocimiento sobre asuntos tan diferentes? Usted también debe de haber aprendido haciendo preguntas y debatiendo.

Finalmente triunfa la verdad

IKEDA: Como ya he mencionado, todo se lo debo a la formación que recibí de mi maestro en mis años de juventud. El saldo que dejó la Segunda Guerra Mundial en el Japón fue una caótica subversión de los valores. Yo, en plena adolescencia, solo ansiaba encontrar una sólida filosofía.

En 1947, a dos años de haber terminado el conflicto y teniendo yo diecinueve años, tuve oportunidad de conocer a Josei Toda. Observé que había mantenido su fe y sus principios, aun sometido a la represión del gobierno militar y a dos años de encierro en la cárcel. Este aspecto de su personalidad me atrajo desde el primer momento, y sentí de inmediato que era un hombre merecedor de confianza.

Toda me dio clases particulares sobre una amplia gama de asignaturas: Derecho, Economía, Literatura, Historia, Filosofía y Ciencia. La capacitación personal que recibí de él en mi juventud cambió mi vida por completo.

MARINOFF: Me figuro que lo instruyó mediante el arte del diálogo...

IKEDA: Sí, estudiar con un maestro así fue una experiencia increíblemente estimulante e inspiradora. Cada clase era un encuentro humano de absoluta exigencia, con el más profundo nivel de compromiso.

Toda había luchado con denuedo contra el militarismo imperialista y vivía con gran intensidad. Cada una de sus palabras confirmaba que era un auténtico maestro de vida, en toda su estatura. Amaba a los jóvenes incondicionalmente, siempre enfocado en fomentar su desarrollo y en ayudarlos a crecer.

Me preocupa observar en muchos líderes de nuestra sociedad una lamentable falta de amor a los jóvenes. La mente de la juventud es tan sensible que no puede ser cultivada por adultos egoístas y fríos. A mi entender, los jóvenes son nuestro tesoro, nuestros camaradas en la búsqueda de la verdad y en la creación de valor.

El lema de la Asociación Norteamericana de Consejeros Filosóficos es «Nadie gobierna la verdad». Según he leído, esto refleja su deseo de liberar a las personas de la autoridad política y religiosa.

MARINOFF: En efecto, este lema es la respuesta de la APPA a la candente pregunta «¿Quién gobierna la verdad?». Como usted señala, afirma que nadie tiene autoridad para gobernar, dictar, legislar o controlar la verdad. En tanto que seres humanos tenemos el privilegio de percibir, descubrir, aprender o enseñar ciertas verdades. Pero, al mismo tiempo, estas nos gobiernan a nosotros, no nosotros a ellas. Al final siempre triunfará la verdad por más que las autoridades políticas y religiosas intenten sumir a la humanidad en la oscuridad, nublándole la mente, difundiendo propaganda y persiguiendo a quienes dicen la verdad.

Así ha sido en el pasado y así es en la actualidad. El filósofo ama la verdad. Nichiren fue reprimido por señalar a las masas el camino hacia la libertad. Sócrates, Platón y muchos otros filósofos tropezaron con muchas dificultades en su búsqueda de la verdad. Tsunesaburo Makiguchi,[6] fundador de la Soka Gakkai junto con Toda, también siguió un camino similar.

IKEDA: Sócrates fue acusado falsamente y condenado a morir. Shakyamuni y Nichiren también fueron denigrados y calumniados a causa de la envidia. Suele ocurrir que a las grandes personas se las reprime y se las injuria precisamente por su rectitud. Es lo que nos enseña la historia humana, en todas las épocas y lugares.

Pero los sabios y justos nunca se doblegan ante la opresión y, en cambio, consideran que ser perseguidos es un emblema de honor. En todo caso, la lucha contra la adversidad solo acendra e ilumina más aún sus convicciones filosóficas.

Los líderes deben servir al pueblo

MARINOFF: Ha dicho que el verdadero papel de los líderes es servir, y yo no podría estar más de acuerdo. Cuando he dirigido talleres de filosofía para líderes mundiales y retiros para futuros líderes mundiales,[7] les he dicho exactamente lo mismo, sirviéndome de dos diagramas. El primero describe a un líder instalado en la cúspide de la pirámide, presidiendo capas cada vez más amplias de subordinados de su organización y disfrutando, aparentemente, de una posición de superioridad y dominio. El segundo describe la misma pirámide pero invertida, con el vértice apuntando hacia abajo y el líder en la parte inferior, soportando el peso y la carga de todo el edificio. Allí se representa la función correcta de un líder: no explotar a la gente desde arriba sino elevarlos desde abajo.

IKEDA: Esto que acaba de señalar es un punto muy importante. Para construir una sociedad realmente humanista y democrática, es menester transformar —o revolucionar, si se quiere— nuestras ideas sobre el liderazgo. Los dirigentes deben adoptar el credo de apoyar y servir al pueblo, como en su segundo diagrama, y tomar la iniciativa a la hora de poner esta filosofía en práctica. Creo que cuando esto suceda, la sociedad cambiará profundamente.

Quienes buscan dominar y controlar a la gente no son verdaderos líderes. Tampoco lo son quienes explotan a la juventud. Para decirlo llanamente, los dirigentes así son autoritarios. En cambio, un líder genuino acepta la responsabilidad absoluta de guiar, apoyar y prestar servicio al pueblo. En tal sentido, el liderazgo requiere un corazón benevolente y capaz de amar inmensamente a la humanidad.

MARINOFF: Usted ha creado mucho valor y muchas oportunidades para un sinfín de personas en calidad de líder de la Soka Gakkai Internacional. Sirviendo a tanta gente durante tanto tiempo, sin duda habrá sobrellevado un peso enorme. ¿Cómo ha mantenido la fortaleza para soportar semejante carga?

IKEDA: Aprecio muchísimo su comprensión. La relación de maestro y discípulo que aprendí junto al señor Toda me dio la fortaleza necesaria para no claudicar en mi trabajo. Mi vida entera se ha sostenido en la determinación inamovible de cumplir el juramento expresado a mi mentor.

En las ruinas de la posguerra, Toda resolvió «erradicar la palabra "sufrimiento" de la faz de la tierra»[8] y luchó por la felicidad del género humano con una pasión que consumió su vida. En respuesta a su lucha, y como cabe a un discípulo, yo consagré todos mis esfuerzos a hacer realidad su sueño más preciado. No ha habido impedimento que me hiciera vacilar. A decir verdad, los obstáculos han fortalecido más aún mi determinación de seguir avanzando. Confieso que, hasta el día de hoy, cada jornada es para mí un diálogo constante con mi maestro.

Sin un solo día de renuncia, he vivido orando y trabajando por la felicidad y la victoria de cada uno de los miembros de la Soka Gakkai Internacional. Y he abierto nuevas rutas en bien de nuestros jóvenes sucesores, basándome en el lazo inseparable que une a los discípulos con su mentor.

El budismo no tiene otra razón de ser que la felicidad y el triunfo de todos los seres.

MARINOFF: Me conmueve su determinación y le doy mi más sincera enhorabuena por convertir a la Soka Gakkai Internacional en una impulsora de la paz mundial, por crear valor y por mejorar el nivel de vida de muchas personas en numerosos países. Usted realmente trabaja por la felicidad de todos los seres humanos. Su vida es un modelo para todos.

Cuarta conversación

El origen de un optimismo inquebrantable

IKEDA: En una sociedad como la de hoy, tan expuesta al estrés y a la ansiedad, ¿cómo aprender a vivir con más optimismo y esperanza? Ha llegado la hora de preguntarnos cómo mejorar nuestra salud psicológica, para vivir de manera más plena y humana.

En una época así, ¿qué valor pueden aportar la filosofía y la psicología? Desde el punto de vista de la filosofía práctica, usted ha dicho que Freud y los psicoanalistas subestimaron las fortalezas y los aspectos positivos de la naturaleza humana y se centraron, en cambio, en las debilidades y los aspectos negativos. Su observación es muy relevante.

El doctor Martin Seligman, destacado propulsor de la psicología positiva y expresidente de la Asociación Psicológica Norteamericana, comenta algo semejante. En un diálogo que mantuvimos en Tokio, me dijo:

> El optimismo es esperanza. No es la ausencia de sufrimiento. No significa estar siempre felices y satisfechos, sino el convencimiento de que, aun teniendo un fracaso o una mala experiencia, uno puede cambiar las cosas a través de su propia intervención.[1]

MARINOFF: Puesto que usted ha prologado esta conversación aludiendo a la psicología, en concreto a la psicología positiva de Seligman, permítame que responda de la misma manera. Los psicólogos han descubierto que el optimismo es un factor fundamental para los supervivientes de naufragios, que a veces pasan días en balsas a la deriva en medio del océano, expuestos a los elementos y otros peligros. Es frecuente que sufran escasez de comida y agua. Quienes mantienen una actitud positiva y creen que tarde o temprano serán rescatados tienen más posibilidades de sobrevivir a esa dura prueba que quienes desesperan y renuncian a la esperanza.

Este principio es válido no solo para circunstancias extremas sino también para la vida cotidiana. Todos conocemos a personas que suelen enfatizar los aspectos positivos de una situación y a otras que hacen hincapié en los negativos. En situaciones corrientes, enfatizar lo positivo casi siempre produce mejores resultados que enfatizar lo negativo. En situaciones graves, puede significar la diferencia entre la vida y la muerte.

IKEDA: Esto que menciona es otro punto importante. Ante una misma realidad, la respuesta psicológica de las personas es distinta; por eso, los caminos de la vida son diferentes para unos y otros. En la Soka Gakkai, llamamos «estado de vida» o «tendencia» a esta disposición subjetiva del individuo.

Nichiren enseña:

> Es como el ejemplo del río Ganges. Las entidades hambrientas perciben las aguas del río como fuego; los seres humanos las ven como agua, y los seres celestiales, como *amrita* [néctar de la inmortalidad]. Las aguas son las mismas, en todos los casos, pero cada tipo de ser las ve de manera distinta, según los efectos de su karma.[2]

La forma en que cada uno ve el mundo y responde emocionalmente a él está relacionada con su estado de vida. A juzgar por su amplia experiencia en el asesoramiento filosófico, imagino que habrá tenido sobradas oportunidades de comprobarlo.

MARINOFF: Sí, mi experiencia me lo ha confirmado reiteradamente. Los estados de ánimo se ven influenciados por factores tales como la química cerebral, la memoria selectiva, el condicionamiento psicológico y la concepción de uno mismo. No obstante, podemos ennoblecer nuestro estado de ánimo y generar buenos resultados en cualquier circunstancia; sirviéndonos de la fuerza de voluntad, por ejemplo, que está infrautilizada en Occidente.

Aristóteles escribe: «Si cada hombre es en cierta manera responsable de su estado mental, también será en cierta manera responsable de la apariencia de las cosas.»[3] Pone el énfasis en que los hábitos virtuosos de pensamiento conducen a una mente más alegre.

BENEFICIOS OCULTOS

IKEDA: Cuando la mente se ilumina, la vida brilla. Nichiren cita esta enseñanza del *Sutra Vimalakirti*: «Si el corazón de las personas es impuro, su tierra también lo es, pero [...] si su corazón es puro, igualmente puro es el sitio en que viven.»[4] La mente humana es algo fascinante... Debemos orientarla en dirección positiva, hacia una vida creadora de valor. Y es aquí donde la filosofía práctica puede desempeñar un papel crucial.

MARINOFF: Y de ahí que el estado vital de los practicantes budistas tienda a ser dinámico. Podemos preguntar, usando la conocida metáfora occidental, si el vaso está medio vacío o medio lleno. Los pesimistas por lo general lo ven medio vacío; los optimistas, medio lleno.

Como ejemplo de esta metáfora en la vida cotidiana, supongamos que uno se queda atascado en un embotellamiento y ya llega tarde a una cita. Los pesimistas se quejarán de que están perdiendo el tiempo. Los optimistas normalmente dirán: «¿Cómo sabes que este atasco no es una bendición oculta? Tal vez al estar atascado, aquí y ahora, estés evitando un terrible accidente de tráfico que aguarda en algún punto de tu ruta.» Según la Cábala, la tradición esotérica del judaísmo, toda situación puede y debe interpretarse positivamente para celebrar todos los momentos de la existencia.

IKEDA: Es un ejemplo convincente, y muy sugestivo. En las circunstancias más difíciles, un enfoque positivo puede modificar la realidad y abrir la posibilidad de un futuro luminoso. Mi maestro solía decirnos a los jóvenes: «¡Hay que enfrentar la vida con actitud positiva!»

Esto me recuerda una anécdota que me contó Gorbachov, un hombre cuya intervención fue crucial para poner fin a la guerra fría. En 1986, él se encontraba en Islandia, para celebrar junto al presidente norteamericano Ronald Reagan la histórica cumbre de Reikiavik. Esto que voy a narrar alude a los entretelones de las rondas de diálogo. Aunque todo el mundo estaba en vilo, pendiente de los acontecimientos, inesperadamente la cumbre se dio por terminada. En la conferencia de prensa que tuvo lugar después, Gorbachov evitó decir que el diálogo había sido un fracaso. Lo que había concluido —dijo en cambio— era solo la primera instancia, de cara a futuras conversaciones.

La delegación de los Estados Unidos había declarado en rueda de prensa que la cumbre había sido inútil. Pero al escuchar las palabras de Gorbachov, comprendieron su alcance y decidieron cambiar su anterior versión de los hechos, en favor de una interpretación más optimista. Como ha mostrado la historia, a partir de esa reunión entre Estados Unidos y la Unión Soviética se avanzó sin tropiezos hacia el fin de la guerra fría.

Un cambio sutil en el pensamiento puede crear oportunidades y avances de proporciones históricas. Creo que este mismo principio puede aplicarse también en la vida de los individuos.

MARINOFF: Eso es exactamente lo que estamos intentando poner de manifiesto. Por cierto, he leído su diálogo con Gorbachov y me parece excepcional. Debería ser lectura obligada para quien no quiera repetir los errores del pasado.

Volviendo a lo que hablábamos, si buscamos lo bueno en las personas y las situaciones, lo encontraremos. Eso no quita que siempre podamos quejarnos de algo en nuestro mundo imperfecto, pero sin despreciar lo que es bueno. La Cábala y su ejemplo de la cumbre Reagan-Gorbachov ilustran la importancia de cultivar el optimismo.

OPTIMISTAS INCORREGIBLES

IKEDA: Admiro el optimismo y la esperanza con los cuales se entrega a la divulgación de su filosofía. Helen Keller escribe que «el optimismo es la fe que conduce a los resultados; nada puede hacerse sin esperanza».[5] También sostiene: «Hemos visto que los filósofos —los Relatores del Mundo— han sido optimistas; también lo han sido los hombres de acción y de resultados: los Hacedores del Mundo.»[6]

Por su parte, Mahatma Gandhi se consideraba un optimista incorregible. Creo que muchos de los grandes triunfadores y hacedores de la historia han sido optimistas en el verdadero sentido. Esto cabe decir de Gorbachov, del presidente sudafricano Nelson Mandela, y de la ambientalista keniata Wangari Maathai. La mayoría de las grandes personas con quien he tenido ocasión de dialogar —no solo líderes o académicos, sino también ciudadanos comunes— han sido optimistas empedernidos.

MARINOFF: Keller, sorda y ciega en una época en que los discapacitados físicos solían verse estigmatizados e infravalorados, venció no solo sus propias adversidades, sino también la visión que la sociedad de su tiempo tenía de los discapacitados.

Comparto con usted la experiencia de haber encontrado un

optimismo infatigable entre los triunfadores en todos los ámbitos. Los grandes espíritus permanecen intactos ante la adversidad. Cada calamidad no hace sino reforzar su determinación.

Seguro que a usted también lo han contado entre los «optimistas incorregibles». No ha dejado de alentar las más positivas aspiraciones tanto a nivel individual como de la humanidad en general. Ha infundido su incansable optimismo a millones de miembros de la Soka Gakkai Internacional.

IKEDA: Le agradezco sus generosos e inmerecidos elogios.

El doctor Mihály Csíkszentmihályi, conocido por sus investigaciones sobre la psicología de la felicidad,[7] es un preciado amigo que ha demostrado comprender profundamente la labor y el propósito de la Soka Gakkai Internacional. Hay un aspecto de su trabajo que me causó una honda impresión. En sus entrevistas, descubrió una serie de puntos en común entre muchos de los triunfadores ejemplares del mundo: todos ellos eran optimistas, vivían abiertos al futuro y a la comunidad, y tenían un profundo sentido de la responsabilidad y de la integridad.

MARINOFF: Fundamentándome en mis encuentros con verdaderos líderes mundiales —sean del ámbito político, comercial, religioso o cultural—, coincido con la opinión de Csíkszentmihályi de que todos ponen de manifiesto las virtudes del optimismo, la amplitud de miras, la honradez y la responsabilidad.

También cabe observar lo contrario: los más terribles déspotas tienden a manifestar los vicios del pesimismo, la rigidez, la falsedad y la irresponsabilidad. ¿Cuál es pues el significado del optimismo desde una perspectiva budista?

CONVERTIR EL VENENO EN REMEDIO

IKEDA: Creo que el optimismo verdadero es sinónimo de fe absoluta en las posibilidades humanas; es confianza inamovible en nuestra capacidad de superar cualquier adversidad; es valor para persistir sin desmayo en la superación personal y en el mejoramiento del mundo circundante. El budismo enseña que es el yo, el sujeto, lo que transforma la realidad y lo que crea nuevo valor en todas las circunstancias.

También postula el principio de convertir el veneno en remedio. Este es el proceso mediante el cual un practicante de la Ley Mística[8] eleva su estado de vida y convierte el «veneno» de los deseos mundanos y de los sufrimientos en un «remedio», en algo positivo para su desarrollo y su crecimiento como persona. Entiendo que la firme convicción en este principio se traduce en un optimismo que nos permite vivir con inmensa plenitud.

MARINOFF: La enseñanza de Nagarjuna para convertir el veneno en medicina aparece en el *Tratado sobre la gran perfección de la sabiduría*.

IKEDA: Quienes desarrollaron más aún este concepto fueron Zhiyi (también conocido como el gran maestro Tiantai), fundador de la escuela Tiantai de la China, y Nichiren, en el Japón.

MARINOFF: Gracias a mi relación con usted y sus colegas he llegado a valorar esta enseñanza más profundamente. Si concedemos la importantísima premisa del libre albedrío, en la medida en que pensar sea habitual, con tiempo y un poco de ayuda pueden cambiarse las interpretaciones negativas de las circunstancias en interpretaciones positivas.

Epicteto nos transmitió un sucinto aforismo que ha ayudado a muchas personas, incluso a algunos de mis clientes, a hacer grandes avances cognitivos en el reino de lo positivo: «A los hombres no los trastornan las cosas sino los principios y las ideas que forman las cosas preocupantes.»[9] ¿Acaso esto no es una suma de psicología positiva y filosofía positiva resumida en pocas palabras?

IKEDA: Ya lo creo que sí. El primer paso para revolucionar nuestro propio yo y cambiar el entorno que nos rodea es modificar la percepción de las cosas.

Nichiren enseña: «[En el momento crucial] invariablemente aparecen los tres obstáculos y los cuatro demonios; pero cuando ello sucede, los sabios se regocijan, mientras que los necios se echan atrás.»[10] En verdad, los problemas y las adversidades encierran la oportunidad de iniciar un profundo cambio personal. Es algo que los sabios reconocen claramente. Por eso, el budismo alienta a las personas a enfrentar las dificultades con valentía y actitud jubilosa.

Si uno ve el mar desde lo alto del cielo, hasta las olas más temibles parecen una ondulación superficial. Nuestra felicidad depende, en gran medida, de establecer un sólido estado de vida que nos permita observar todos los acontecimientos con sereno equilibrio.

MARINOFF: No siempre podemos alterar nuestras circunstancias de forma inmediata o cambiar ciertas cosas, pero siempre podemos modificar de forma inmediata la opinión que tenemos de ellas. Y esto puede marcar una gran diferencia en el mundo.

Nuestro ilimitado potencial

IKEDA: Entonces, en vez de ser controlados por las circunstancias, debemos tener un punto de vista tan firme que nos permita influir en ellas positivamente. Como escribe John Milton en *El paraíso perdido*, «La mente es su propia morada; puede convertir el paraíso en un infierno, y el infierno en un edén».[11] Nuestra posición subjetiva determina el rumbo que adopta nuestra existencia.

En el budismo, la frase «las funciones prodigiosas de la vida»[12] alude a las facetas multidimensionales de la mente humana. La época actual requiere imperiosamente una filosofía, un tipo de pensamiento, que nos permita orientar nuestra vida en dirección al sol de la esperanza, la paz y la felicidad.

MARINOFF: Como filosofía práctica, el budismo indefectiblemente propone la disolución de los obstáculos con la luz interior de la mente. Milton (entre otros poetas y filósofos occidentales de gran talento) redescubrió las sutiles propiedades de la mente con las que el budismo hacía tiempo que estaba óptimamente familiarizado. El budismo ofrece más caminos que cualquier otra filosofía para activar el potencial humano, para cambiar la vida a mejor y generar circunstancias positivas. En el siglo XXI necesitamos más que nunca el pensamiento optimista.

IKEDA: Muchas personas, enfrentadas a graves problemas como la pobreza, la escasez de alimentos, la contaminación ambiental y los conflictos internacionales, terminan pensando que la acción individual no alcanza para cambiar las cosas y sucumben a la impotencia. Sin embargo, lo cierto es que la humanidad solo puede avanzar en la medida en que cada uno de nosotros superemos esa sensación de impotencia, activemos al máximo nuestro potencial latente y trabajemos juntos. Creo que el origen de la fuerza que necesitamos para lograrlo yace en un optimismo asentado en una espiritualidad más elevada.

Keller escribe, dignamente: «Mi optimismo no depende de la ausencia del mal, sino de una grata creencia en la preponderancia del bien y del esfuerzo consciente por cooperar con el bien para que este prevalezca.»[13] Hay un elemento que permea la vida de las personas más admirables del mundo: su apasionado compromiso con la felicidad de los demás y su determinación de contribuir positivamente a la sociedad. Estoy convencido de que este noble espíritu es el origen del vigoroso optimismo que despliegan a la hora de superar todas las dificultades.

MARINOFF: Todas las personas son capaces de marcar una diferencia significativa para mejor, sobre todo cuando reúnen sus energías positivas. Permítame añadir que todo ser humano puede considerarse admirable cada vez que hace un esfuerzo por «cooperar con el bien». Los terribles problemas a que se enfrenta el mundo exigen que aumentemos nuestra reserva de optimismo para que la bondad prevalezca. El noble espíritu que usted identifica como «la fuente del recio optimismo» me recuerda lo que Laozi afirmó del tao: que en su uso «es inagotable».[14]

IKEDA: Toda dijo: «Cuando uno puede ejercitar libremente la fuerza vital del vasto universo, es capaz de avanzar a pasos resueltos y agigantados en todo lo que emprenda, sin que nada represente un impedimento.» El objetivo de la fe que se practica en la Soka Gakkai Internacional es una vida diaria de continua superación, mientras contribuimos al bienestar de los semejantes y de toda la sociedad. Quiero avanzar junto a los jóvenes, mostrándoles que el mundo espiritual y el cosmos de la vida son inmensamente vastos y poderosos.

Quinta conversación

Recuperar el sentido de propósito y los vínculos

IKEDA: En la época moderna, la ciencia y la tecnología han alcanzado un desarrollo espectacular. En su avance vertiginoso, producen toda clase de nuevos hallazgos e inventos que enriquecen la vida de la gente en el aspecto material y aumentan su nivel de comodidad y confort. Lo que empieza a cuestionarse ahora es si este progreso realmente enriquece nuestra vida a nivel espiritual y si incrementa la felicidad real.

MARINOFF: Usada apropiadamente, la tecnología tiene efectos beneficiosos sobre nuestra dimensión social; usada inapropiadamente, perjudiciales.

IKEDA: En esencia, el progreso tecnológico demuestra el ingenio y la capacidad intelectual del ser humano. El punto crucial es si esa inventiva viene acompañada de sabiduría para emplear la tecnología en aras de la felicidad humana.
   En el caso de internet, ya se han debatido extensamente sus beneficios y desventajas. Sabemos que ha revolucionado las comunicaciones y ha conectado a la gente en tiempo real en todo el mundo. Por otro lado, internet también trajo consigo nuevos problemas. Además de usarla para acosar a las personas y violar su derecho a la privacidad, la red se ha convertido en un caldo de cultivo de nuevos crímenes contra la sociedad.

En el Japón —y sé que también en otros países— la gente observa con gran preocupación la adicción de los niños y jóvenes a los videojuegos violentos en red y los efectos perniciosos que esto puede tener en el desarrollo de la personalidad.

MARINOFF: En Estados Unidos, la indulgencia excesiva con los juegos electrónicos, unida a un insuficiente contacto con la tradición escrita, ha producido una generación en la que abundan los niños socialmente disfuncionales y con carencias cognitivas. Generalmente, los estadounidenses parecen venerar la muerte y la violencia en televisión —una cultura de necrofilia crónica— y, sin embargo, no están preparados para enfrentarse a la muerte a nivel personal o familiar.

IKEDA: El propósito esencial de la tecnología debería ser contribuir a la felicidad humana. Es un despropósito inimaginable que los avances tecnológicos sean causa de declinación espiritual, debiliten los lazos interpersonales o aíslen a los individuos. Hace más de cincuenta años, el doctor David Riesman, destacado sociólogo del siglo XX, describió en su libro *La muchedumbre solitaria* el aislamiento social y la alienación que caracterizan la sociedad norteamericana.

MARINOFF: Aunque sus ventajas y beneficios sean innumerables, no le falta razón al señalar que la tecnología también ha debilitado los valores sociales y espirituales de Norteamérica. Hace poco conocí en un vuelo a un marido y padre de cuatro hijos. Me contó que lo mejor que le había sucedido a su familia fue un prolongado corte de suministro eléctrico, pues durante *la falta de energía* sus miembros se habituaron a congregarse en una habitación y, por primera vez en años, entablar conversación. Ahora lo hacen una vez por semana.

VÍNCULOS ROTOS

IKEDA: La anécdota que refiere es ilustrativa de los tiempos en que vivimos. Muchas personas hoy advierten el debilitamiento de los lazos familiares y la disolución de los vínculos, no solo entre personas, sino entre el sujeto y la naturaleza, y entre el individuo y el orden cósmico de la eternidad.

MARINOFF: En este contexto, hay tres áreas que merecen atención especial.

En primer lugar, las tecnologías han cortado los vínculos del hombre con la naturaleza. De un modo muy semejante a como lo hicieran Emerson y Thoreau, usted y yo compartimos una profunda veneración por la naturaleza. La profanación tecnocrática y la desvinculación de la naturaleza han debilitado manifiestamente nuestro sentido de humanidad.

En segundo lugar, las tecnologías han trasladado buena parte de las interrelaciones humanas de la esfera real a la virtual, haciendo que los lazos humanos sean efímeros en vez de emocionales. Si bien el correo electrónico y el ciberespacio permiten que nos comuniquemos con cualquier punto de la aldea global con independencia del espacio y el tiempo, tales interrelaciones son solo virtuales, no reales. Como personas que somos, necesitamos contacto humano real para sentir nuestra propia humanidad. Si no se salpican con episodios de realidad, las interrelaciones virtuales fomentan la disfunción social.

IKEDA: No somos máquinas sino seres humanos. El intercambio de vida a vida, la genuina comunicación que se entabla mediante el diálogo, es esencial para vivir una existencia realmente humana. Su ausencia solo puede ser perniciosa tanto para el individuo como para el orden social.

MARINOFF: Y estamos siendo testigos de tales fracasos.

En tercer lugar, las tecnologías han hecho que las personas dejaran de ser productores activos para convertirse en consumidores pasivos. Cien años atrás, si los miembros de una familia querían escuchar música, tenían que crearla ellos mismos, aprendiendo a tocar instrumentos para luego interpretar piezas conjuntamente o unos para otros. La música hacía más profundos los lazos familiares. Hoy en día, cada miembro de la familia está conectado a su aparato de música, consumiendo sus géneros predilectos. La familia habita bajo un mismo techo pero ya no comparte la experiencia de crear música. Cada miembro es un nódulo de una red en lugar de un elemento de una matriz familiar.

IKEDA: Es innegable que las familias tienen menos oportunidades de crear cosas juntas. Tal vez esto sea inevitable: en la medida en que se puede acceder a todo, las actividades creativas disminuyen. Como usted bien señala, los individuos hoy son meros consumidores, ajenos a la satisfacción que produce la creación conjunta.

Tal vez esto afecte de manera adversa el crecimiento personal de los sujetos. Después de todo, lo que nos hace plenamente humanos es la comunicación genuina y la interacción real. El sublime poeta Rabindranath Tagore escribe: «El ser humano pierde de vista su yo cuando existe aislado; el ser humano descubre un yo más grande y auténtico en el contexto de sus múltiples relaciones humanas.»[1] Creo que las interacciones de vida a vida son lo que hace brillar la condición humana en cada individuo.

MARINOFF: En efecto, Tagore fue un poeta sobresaliente y un humanista ejemplar. Fue él quien puso a Mohandas Gandhi el apodo de Mahatma, que significa «gran alma».

La importancia de las relaciones familiares y sociales es anterior a los seres humanos; fueron un rasgo crucial de nuestra evolución como primates. Tal como observó con suma agudeza el experto en primates Robert Yekes, «un chimpancé no es un chimpancé».[2] Y Aristóteles escribe: «Quien es incapaz de vivir en sociedad tiene que ser una bestia o un dios.»[3] En vista de esto, la deconstrucción de la familia sin duda está en desacuerdo con nuestra historia natural.

Enfrentar la vida y la muerte

IKEDA: Gracias por mencionar estas citas tan pertinentes, que traen a colación una verdad esencial. Ya que hablamos de la familia, recuerdo otro fenómeno social reciente que se relaciona con el tema. En las familias de antes, donde convivían varias generaciones bajo un mismo techo, los acontecimientos más importantes de la vida —el nacimiento, la vejez, la enfermedad y la muerte— transcurrían en el seno del hogar. Pero, a partir del avance de la Medicina, estos hechos vitales se empezaron a trasladar a instituciones especializadas y quedaron en manos de profesionales médicos. Por ejemplo, actualmente el ochenta por ciento de la población japonesa concluye su vida en hospitales o en hogares para la tercera edad. En otras palabras, pocas personas tienen oportunidad de observar y acompañar la muerte en el contexto de su vida cotidiana. Tengo entendido que, en Occidente, está surgiendo una tendencia inversa a permitir que las personas pasen en su hogar los últimos días de su vida.

MARINOFF: Lo que plantea es muy importante. Si no logramos enfrentarnos al nacimiento y la muerte, que son la primera y la última página de toda vida, quizá tampoco seamos capaces de leer, escribir y entender el libro de la vida. La tecnocracia ha institucionalizado tanto el nacimiento como la muerte, arrebatando a las familias la oportunidad de conocer de primera mano estos valiosísimos principio y final de una manera natural. Al asignar estos acontecimientos a los hospitales, abundamos excesivamente en sus aspectos médicos y socavamos su dimensión humana fundamental. En cualquier caso, quienes no se enfrentan al nacimiento y la muerte no están vivos del todo.

IKEDA: Aclaremos que el progreso médico ha sido uno de los logros más excelsos de la humanidad y que ha salvado incalculables vidas. No obstante, cuando la ciencia médica depende excesivamente de la tecnología, puede reducir al ser humano a un simple objeto clínico y devaluar la humanidad de cada paciente. Este riesgo es considerable en la época actual, dada la especialización tan segmentada que ha alcanzado la medicina.

La vida y la muerte son dos cuestiones profundamente filosóficas. De hecho, el punto de partida del budismo es la indagación de esta suprema cuestión. Nichiren nos exhorta a «aprender en primer lugar sobre la muerte, y luego sobre las otras cosas».[4] Solo confrontando el tema de la vida y la muerte podemos vivir de manera más profunda y trascendente.

Ahora bien, ¿cuál es el verdadero significado de la vida y la muerte? Creo que esta es la pregunta primordial que tiene por delante la civilización moderna.

Me referí a esto en una conferencia que dicté en 1993 en la Universidad de Harvard, titulada «El budismo Mahayana y la civilización del siglo XXI».

> La humanidad parece [...] dispuesta a comprender que el morir es más que la ausencia de vida; que la muerte —junto con la vida activa— es necesaria para la formación de un todo más grande y esencial. Ese todo más amplio [...] refleja la profunda continuidad de la vida y la muerte que experimentamos como individuos y expresamos mediante la cultura. Uno de los desafíos más imperiosos que nos aguardan en el siglo venidero es establecer una cultura basada en la comprensión de la vida y la muerte, y en la eternidad esencial de la vida.[5]

ESTAR PLENAMENTE PRESENTES

MARINOFF: Conozco esa conferencia suya y encuentro que sus opiniones sobre el deleite de la vida y el deleite de la muerte son sumamente originales. Las tecnologías médicas no captan del todo ni entienden exhaustivamente el nacimiento, la vida y la muerte, ni siquiera si se presentan acompañados o incluso cargados de complicaciones médicas. El propósito de las artes y ciencias médicas es ayudar a restablecer la salud y prevenir la enfermedad, de modo que los seres humanos tengan buenos nacimientos, buenas vidas y buenas muertes.

IKEDA: Básicamente, la medicina debe tratar al ser humano como una totalidad; es menester que los médicos tengan formación humanística y ejerzan su profesión con una actitud de respeto a la dignidad suprema y al valor de cada uno de sus pacientes.

Soy coautor de un libro con el doctor Felix Unger, presidente de la Academia Europea de Ciencias y Artes, y reconocido cardiocirujano que ha operado a más de diez mil pacientes, y hemos querido titularlo «Alzar las banderas del humanismo» [*Ningen shugi no hata o*, en japonés]. En este diálogo, el doctor Unger describe de este modo al médico ideal: «Necesitamos médicos, no técnicos en medicina. Y cuando hablo de "médicos" me refiero a individuos cuya personalidad brille de manera integral. Es decir, a profesionales que irradien humanidad y consideración.»[6]

El periodista norteamericano Norman Cousins mencionó su preocupación por el incremento de médicos que «saben más sobre las enfermedades que sobre el ser humano».[7]

MARINOFF: Comparto esa preocupación. La empatía con la humanidad es indispensable para la ciencia médica porque está relacionada directamente con la existencia humana. Como bien sabe usted, asesoro a gran variedad de clientes: celebridades y jefes ejecutivos, estudiantes y amas de casa, médicos y psicólogos, adultos jóvenes y jubilados. Un periodista me preguntó una vez: «¿Cuál es su cliente más interesante?» Contesté que sería el siguiente que entrara en mi despacho. Toda persona es importante; todo problema requiere solución. En ese sentido, cada caso es un caso destacado.

IKEDA: Me impresiona su profunda pasión por la humanidad. Siempre está dispuesto a abrir el corazón y a dar lo mejor en beneficio de ese «próximo cliente». Todo comienza por brindarnos sin reservas a la persona que tenemos delante... He aquí el camino fundamental de la filosofía humanista.

MARINOFF: Le agradezco que subraye la importancia de estar plenamente presente para los demás. La historia de la medicina ha dado destacados humanistas, de Hipócrates a Albert Schweitzer. La enfermera Florence Nightingale fue pionera de la atención sanitaria moderna. El médico Norman Bethune salvó miles de vidas trabajando como cirujano en los campos de batalla de España y China, donde murió de septicemia. Y el médico Albert Werckmann ha dedicado su vida a educar e integrar a niños autistas en sus comunidades y economías.

Así pues, tal como afirma Cousins, la apropiada formación de doctores no es solo un asunto médico. Estoy de acuerdo en que puede y debe extenderse al humanitarismo, siguiendo el ejemplo de Médicos Sin Fronteras.[8]

VIVIR BIEN, MORIR BIEN

IKEDA: Unos médicos amigos me contaron una vez el caso de un paciente que, tras ser operado con éxito de un cáncer, debió ser internado otra vez, a causa de una recidiva. Una semana antes de que falleciera, se le acercó una enfermera para atenderlo. Aunque apenas era capaz de ir al baño por sus propios medios, su pensamiento constante eran los demás pacientes de la sala; por eso, le dijo: «Yo estoy bien. Pero hay muchos otros pacientes esperándola, así que, por favor, empiece por atenderlos a ellos.» La enfermera, sabiendo que los demás no estaban tan graves como él, se conmovió al ver la consideración inmensa de este paciente terminal. Poco después, el hombre falleció serenamente. En sus últimos días, hizo gala de un magnífico estado de vida, que le permitió afrontar la muerte sin temor y vivir hasta el final amando compasivamente a sus semejantes.

Creo que todos habremos tenido la experiencia de acercarnos a otra persona para darle ánimo y terminar siendo nosotros los más alentados. No son las circunstancias objetivas las que determinan nuestra verdadera grandeza o nuestra felicidad o desdicha. No siempre estar enfermos o tener problemas es sinónimo de ser infelices. Hay personas que, en medio de su lucha contra la enfermedad, hacen gala de un espíritu brillante, mientras que otros individuos sanos no sienten ninguna satisfacción de vivir.

Toda solía comentar que «las personas que han pasado por enfermedades graves suelen estar llenas de vida». Él mismo sufría de una severa dolencia, pero, mientras batallaba contra su mala salud, vivía dedicado a la paz y a trabajar en bien de la sociedad. La clave reside en tener una actitud positiva y en vivir una existencia plena, sin nada que reprocharnos, decididos a superar todas las dificultades.

MARINOFF: Muchas personas dan por sentada la buena salud y desperdician el valioso don de la vida en búsquedas que empobrecen, más que enriquecen, su estado vital. Por contraste, quienes se esfuerzan en llevar una buena vida sin que importe cómo se manifieste, constituyen seguramente la fuente de las fuerzas perdurables y enriquecedoras de la humanidad. Así pues, ¿no se desprende de ello que llevar una buena vida y tener una buena muerte son las dos caras de una misma moneda?

El paciente al que usted ha aludido tuvo una buena muerte, igual que Sócrates en la antigua Atenas. Y dada la inspiradora vida que llevó su mentor —tan rica en visión de lo humano, tan bendecida por el éxito cuando usted ha hecho realidad dicha visión—, sin duda también debió de tener una buena muerte, libre de remordimientos.

El poeta William Blake escribe: «La alegría fecunda; el pesar da a luz.»[9] Blake sabía que uno debe probar el sufrimiento para dar a luz lo mejor de sí mismo. ¿No es este el meollo del budismo Mahayana?

Los obstáculos como combustible

IKEDA: Qué observación perspicaz... En nuestro diálogo, precisamente, Toynbee señala:

> La dignidad humana no es algo que vayamos a encontrar en el campo de la tecnología, en la cual nos hemos vuelto tan duchos. Solo podremos construirla en el terreno moral, y el desarrollo ético se mide por el grado en que nuestras acciones se basan en la benevolencia y el amor, más que en la agresividad y el egoísmo.[10]

Nuestro desarrollo ético y espiritual no ha seguido el ritmo febril del progreso científico y tecnológico. Toynbee ponderó seriamente de qué manera podía acortarse esta distancia.

MARINOFF: El problema reside en cómo superar la codicia y la agresividad humanas.

IKEDA: Como ya he dicho, una clave se encuentra en el principio de que los deseos mundanos son un estímulo para la iluminación, concepto que aparece desarrollado en el *Sutra del loto*. El budismo anterior al *Sutra del loto* enseñaba que había que extinguir la interferencia de los deseos mundanos que atormentan el cuerpo y la mente, mediante largos eones de práctica, para poder, finalmente, lograr la iluminación. Pero el *Sutra del loto* expuso que el objetivo no era erradicar la naturaleza deseante, sino convertir los deseos en alimento de la iluminación. Toynbee se mostró profundamente impresionado por esta filosofía.

En el budismo, los principales factores que obstruyen el logro de la Budeidad son los «tres venenos» de la codicia, el odio y la estupidez, que destruyen las raíces del bien en el ser humano y lo sumen en la infelicidad. En el mundo actual, la codicia se suele manifestar como la búsqueda insaciable de riqueza material; el odio es una manifestación destructiva y desesperada que se expresa en forma de violencia y de agresión, y la estupidez es la incapacidad de reconocer la dignidad y el valor de la vida propia o ajena. Estos venenos derivan de la ignorancia primordial que no nos deja reconocer la verdad y nos conduce a la destrucción de uno mismo y de los demás.

El budismo enseña que superar esta ignorancia es el camino para resolver, en el nivel más profundo, los sufrimientos de la vida y la muerte. En otras palabras, necesitamos encauzar la energía egoísta de la ira y la codicia en dirección a la prosperidad y la dicha universales, y canalizar la energía de la estupidez humana en una vida de servicio a los semejantes.

El budismo Nichiren enseña la importancia de cultivar un estado de vida elevado y noble. Revela el medio concreto para lograrlo; es decir, cómo convertir una existencia nublada por la ignorancia y las ilusiones en una vida sabia o iluminada, capaz de trascender los sufrimientos inherentes a la vida y la muerte. Creo que esta es una perspectiva de gran valor, que la ciencia y la medicina harían bien en considerar.

MARINOFF: Las enseñanzas budistas siempre son optimistas y ofrecen constantes promesas para llevar a cabo una transformación positiva. Cada vez más occidentales, incluso profesionales de la sanidad, están cobrando conciencia de ello.

Por ejemplo, conozco a un psicólogo clínico que es budista Chan [Zen]. Trabaja con pacientes bastante trastornados, personas que padecen graves problemas de personalidad. Dichos pacientes requieren una atención exhaustiva, y muchos ni siquiera pueden llevar una vida normal. Sin embargo, este psicólogo ha descubierto que las prácticas del budismo Chan, tales como sentarse y cantar salmodias, actúan como un catalizador, haciendo que sus pacientes reaccionen mejor a los demás tratamientos. De modo que el budismo es medicinal, incluso cuando los venenos están inusualmente arraigados.

La civilización occidental ha hecho nacer la tecnología científica, la medicina moderna y la abundancia material. La tecnología médica ha avanzado hasta tal punto que puede intervenir a nivel microscópico en la biología de la vida y la muerte. Ahora bien, todo esto es sorprendentemente pobre en cuanto a significado y propósito.

El consejo que doy a mis clientes consiste básicamente en animarlos a redescubrir el significado de la vida; las personas pueden recuperar el sentido del significado y el propósito aprendiendo a recrear valor para sí mismos y para los demás.

IKEDA: Si nos enfocamos en crear nuevos valores y sentido, podemos vivir de manera más profunda y trascendente. Esto, a su vez, nos permitirá utilizar la tecnología y los demás frutos de la creatividad humana en aras de la felicidad y el desarrollo social. Pero entonces lo que más necesitamos es una sólida filosofía que permita este tipo de transformación. Creo que nuestra humanidad primordial es el patrón y el punto de partida que debemos restablecer en todas las cosas. Sigamos dialogando, de cara a un renacimiento filosófico que abra los ojos del género humano a las posibilidades de esta nueva filosofía.

Sexta conversación

Todos somos dignos de respeto

IKEDA: La filósofa Martha Nussbaum, a quien usted cita en su libro *Pregúntale a Platón*, propone esta concisa descripción del papel fundamental que tiene la filosofía: «El único propósito de la investigación médica es la cura. Del mismo modo, el único propósito de la filosofía es el florecimiento humano.»[1]

En el *Sutra del loto*, el Buda dice que en su tierra «plácidos, gozan los seres».[2] En relación con la vigencia de esta frase, Toda siempre decía que nacemos en este mundo no para sufrir, sino para disfrutar de la vida. Para que las personas vivan una existencia jubilosa, enérgica y significativa en esta sociedad espiritualmente yerma, necesitamos una filosofía que ilumine la conciencia humana con la potencia de un sol.

MARINOFF: Sí, es absolutamente necesaria una filosofía energética y estimulante que maximice el potencial humano de florecer. Muchos factores y tendencias influyen en la actual carencia de tal filosofía. Permítame bosquejar un par de ellos.

En primer lugar, el gran pensador cuáquero Lewis Munford identificó uno de los peores peligros de la industrialización masiva. Afirmó que la sobreexposición a las máquinas y a los estilos de vida mecánicos provocarían un «coma inducido mecánicamente» en el que las personas pasarían como sonámbulas por la vida.[3] Hay que despertar la mente para que reciba la iluminación. Las culturas que nublan la conciencia con televisión, videojuegos, realidades virtuales y drogas de diseño están poniendo a la gente a dormir en lugar de despertar en ellas los poderes latentes de la mente.

En segundo lugar, la propia filosofía angloamericana del siglo XX se ha visto dominada por la llamada escuela analítica, que considera que su misión es ciento por ciento teórica y cero por ciento práctica.

IKEDA: Desde luego, la teoría es importante... Pero paralelamente, si la filosofía no inspira a la gente ni se articula con los problemas reales de la vida cotidiana, las teorías y los sistemas de pensamiento no sirven de mucho. En mi experiencia, mucha gente opina de este modo.

MARINOFF: Ese es precisamente el asunto con que más he tenido que lidiar. Las filosofías de pensadores como Platón, Aristóteles, Laozi, Confucio y otros representan logros humanos inmortales. Mientras buscaba y practicaba filosofías como las suyas, que alcanzan el corazón del propósito humano, me fui interesando progresivamente por el pensamiento budista y el modo en que refuerza los recursos internos de las personas. Hoy tenemos una acuciante necesidad de este tipo de filosofías que alientan y curan.

IKEDA: La filosofía debe traducirse en una sabiduría que ilumine el sentido de la vida y que despierte en el sujeto el poder de vivir bien. Debe alentar a las personas que sufren, ayudarlas a armarse de fortaleza interior para resolver las dificultades y problemas de la vida real. Esta es la demanda más acuciante que se observa en la sociedad actual.

En *Pregúntale a Platón*, usted brinda ejemplos de asesoramiento filosófico práctico a niños y estudiantes que pasan por diversos problemas; uno de ellos es el acoso escolar. Aunque, para algunos, las peleas inofensivas entre niños sean un aspecto natural del desarrollo, lo cierto es que el acoso escolar constituye algo totalmente distinto. Aquí estamos hablando de un hostigamiento insidioso y grupal contra determinados estudiantes, que les impone no solo marginación del resto de los compañeros, sino también violencia física y sufrimiento psicológico.

El problema se agrava más aún cuando pasa inadvertido a los ojos de los docentes y padres.

Reaccionar ante el acoso

MARINOFF: Sí, el acoso es un problema considerable en los colegios norteamericanos y japoneses. Uno oye y lee acerca de ello continuamente. Mi impresión es que se ha convertido en una epidemia social. Las reacciones, no obstante —fundamentadas en el trabajo social, la psicología y la farmacología—, son meramente sintomáticas, y por tanto inadecuadas, ya que el problema no hace más que empeorar. En Occidente tenemos un dicho que reza: «Una onza de prevención vale una libra de curación.» Mientras el origen del acoso no se identifique y corrija, los tratamientos *a posteriori* estarán condenados a ser superficiales y no curativos.

IKEDA: Tuve oportunidad de dialogar sobre la educación infantil con el doctor Albert A. Likhanov, un educador de extensa trayectoria, enfocada en el problema de la delincuencia juvenil en Rusia. Ambos publicamos juntos un volumen titulado *El camino hacia la tierra de los niños* [*Kodomo no sekai*, aún no publicado en español].[4]

En este libro, él comentaba con honda preocupación que el acoso escolar en Rusia iba de la mano del rápido progreso económico de la sociedad.

Estamos, obviamente, ante un problema que no se detiene ante ninguna frontera. En él intervienen numerosos factores, pero, al parecer, tanto el hostigamiento como la alienación que imperan en la sociedad contemporánea se asocian a la incapacidad de reconocer el derecho de los demás a existir y a respetarlos como congéneres. A su vez, esta imposibilidad de respetar y reconocer a los demás pone en evidencia una profunda falta de autoestima. En verdad, estamos ante dos caras de la misma moneda.

Recuerdo un comentado episodio de las escrituras budistas en que Shakyamuni dialoga con el rey Prasenajit y con la reina Mallika de Kosala. El Buda les dice que aunque el ser humano busque y busque, no encontrará nada que le resulte más valioso que su propio ser. Esto se aplica a todos nosotros. Conscientes del valor inapreciable que tiene la propia vida —concluye el Buda—, uno nunca debe hacer daño a los demás.[5]

Así pues, el budismo reconoce que cada persona tiene importancia suprema para sí misma. Por tal razón, no debemos denigrar o perjudicar a los semejantes, para quienes su propio yo es igualmente valioso.

Esta enseñanza se basa en la empatía, en brindar a los semejantes el mismo cuidado que nos damos a nosotros mismos. Sin duda, enseñar este principio y aplicarlo de manera concreta en la conducta escolar y familiar implica poner en acto una premisa filosófica. El que no se valora a sí mismo de verdad, difícilmente podrá respetar al prójimo.

MARINOFF: Sus palabras revisten suma importancia. Parece claro que los belicistas y los asesinos en masa albergan un odio inmenso contra sí mismos más que un saludable amor propio. Su incapacidad de amarse los hace capaces de odiar y aniquilar a los demás. Representan el acoso llevado a sus extremos más vengativos y aniquiladores.

Tal como usted sugiere, es absolutamente vital educar a los niños en la ética, la autoestima moral y la consideración por los demás. Sin embargo, este deber fundamental se ha descuidado durante décadas, con terribles consecuencias.

Impartí una clase magistral de Ética Aplicada a un grupo de estudiantes especialmente talentosos del CUNY, y experimentaron una especie de revelación. En veinte años de educación reglada, a ninguno de aquellos alumnos le habían enseñado la ética de Aristóteles, Shakyamuni o Confucio. Habían ignorado por completo la noción de virtud hasta que siguieron aquel curso. Y eran los mejores alumnos del sistema de educación pública. Esto señala un fallo catastrófico de la educación pública norteamericana.

IKEDA: En los años de escolaridad, cuando los jóvenes sientan las bases de su vida, deben familiarizarse con diversos sistemas de valores y adquirir gradualmente un sólido cimiento ético necesario para la vida. Pero nosotros, los adultos, también debemos tomar seriamente la ética y los valores.

Vincent Harding, camarada y confidente de Martin Luther King, Jr. en el movimiento pacifista por los derechos civiles, una vez me contó que muchos niños violentos creen que no son importantes para nadie. Numerosas conductas problemáticas de los menores reflejan innegablemente las patologías, los fracasos éticos y la corrupción de la sociedad en general. Detrás de muchos problemas que afectan a los niños y jóvenes, lo que circula es el mal primordial de la sociedad contemporánea: haber olvidado el principio ético esencial de que todos los individuos poseen valor y son dignos de respeto.

MARINOFF: Este es el meollo del asunto. En Tokio he discutido con educadores y orientadores de las escuelas Soka sobre los problemas que plantea el acoso en colegios ajenos al sistema educativo Soka. Según parece, hay niños que son objeto de burla y acoso por ser «diferentes», o individualistas, por parte de grupos de conformistas intolerantes a las órdenes de los acosadores. Lo mismo sucede en Estados Unidos. En Japón parece que muchas normas neoconfucianistas de toda la vida —incluidas las que exigen humildad y benevolencia con el prójimo— han resultado gravemente erosionadas por la liberalización y la globalización, debilitando así las limitaciones sociales.

IKEDA: Como muchas personas lúcidas señalan, esta diversificación de valores ha modificado la espiritualidad tradicional del Japón. Aunque muchos buscan una filosofía de vida profunda y una forma de vivir plenamente humana, ni la una ni la otra son algo fácil de hallar. Se me ocurre que, aunque nuestra sociedad rebosa de bienes materiales, el espíritu humano se está empobreciendo poco a poco, y este deterioro produce un clima de creciente desolación. Por desgracia, las principales víctimas de esta paradoja son los niños, el mayor tesoro de la sociedad.

MARINOFF: Obviamente, debemos ayudar a los niños que sufren acoso, alentándolos a sentirse moralmente dignos. Pero como bien dice usted, asesorar a las víctimas no basta para enmendar la causa original de este problema: una patología social. Ofrecer asesoramiento psicológico a las víctimas de acoso mientras no se logre corregir la conducta de los acosadores equivale a ofrecer cuidados paliativos en lugar de preventivos cuando una enfermedad es evitable.

IKEDA: El acoso es un mal en todo sentido. Sin embargo, como oímos a menudo, algunos pretenden culpabilizar a las víctimas, lo cual no hace más que justificar la perpetración de daño físico y psicológico. La reacción correcta ante el acoso no es responsabilizar a quien lo padece, sino denunciar la profunda falta de respeto y de bondad, tanto de los acosadores como de las personas que, por las razones que fueren, justifican este tipo de conducta. Los adultos deben adoptar una posición clara y señalar, sin lugar a confusión, que los únicos que están en falta son los que cometen el maltrato.

Como usted ya ha dicho, debemos esforzarnos por crear un ambiente donde cada niño pueda sentir el valor de su vida.

Pero, en la sociedad moderna, el cuidado del otro y la consideración a los semejantes son valores en baja. Justamente por eso, es fundamental que las familias sean espacios imbuidos de amor, donde la socialización se encuadre en un trato afectuoso y cálido. Y, sin embargo, en los últimos tiempos los hogares han perdido fuerza como ámbito educador y socializador.

MARINOFF: No solo eso, sino que además se tiene la impresión de que muchos niños del Japón y otros países no ven suficientemente a sus padres, quienes quizá viajan a diario varias horas para ir a trabajar, que salen de casa antes de que sus hijos se levanten y regresan cuando ya se han acostado. Creo que el problema del llamado «padre ausente» contribuye directamente al aumento del acoso. Aunque en realidad no estén ausentes, en estos casos los padres quizá no logren establecer modelos sociales saludables para sus hijos.

IKEDA: Cuando los niños crecen sin aprender en el seno del hogar cómo interactuar con los demás y cómo comportarse en sociedad —me refiero con ello a las competencias básicas de conducta y de cooperación que requiere la vida en comunidad—, es común que se encuentren innecesariamente envueltos en conflictos con los demás. Estos conflictos pueden desencadenar conductas abusivas y hostigamiento a los pares.

En el pasado, había diversos adultos que, en el entorno de los niños, cumplían roles paternos o maternos informales, enseñándoles, supervisándolos y guiándolos en la socialización. Sin embargo, esto ya no es tan fácil en la actualidad, en parte debido a la disolución de los lazos vecinales o comunitarios que se observa en las ciudades. Los niños pierden la oportunidad de aprender incluso los principios éticos más fundamentales —la diferencia entre el bien y el mal—, que antes adquirían de manera más natural e informal, en su interacción con los adultos de la comunidad. Entonces, muchos niños que hostigan a sus compañeros no se dan cuenta de que eso que hacen es acoso.

MARINOFF: Este punto crucial que usted señala queda subrayado en la novela de William Golding *El señor de las moscas*, en la que un grupo de niños ingleses normales viajan en un avión que se estrella en una isla tropical desierta. Privados de una autoridad adulta y un ejemplo moral, su urbanidad desaparece rápidamente. Degeneran hasta convertirse en una turba de salvajes, liderados por acosadores incipientes. Trágicamente, ahora estamos presenciando la recreación de la alegoría de Golding a escala global.

Los acosadores suelen ser cobardes. La mejor manera de infundir valentía a los varones jóvenes es a través de la interacción con padres y otros varones maduros que los guíen hacia la mayoría de edad mediante ritos de iniciación y que, cuando sea necesario, les impongan disciplina.

Cuando esto último deviene excesivo puede llegarse al maltrato. Los chicos maltratados también pueden convertirse en acosadores, maltratando a otros a su vez. Muchos delincuentes juveniles no han tenido padre o han sufrido un padre maltratador. Los programas basados en los principios del «amor firme»[6] han proporcionado un remedio viable. Una figura paterna amorosa, pero seria, disciplina a estos muchachos de manera constructiva, estableciendo objetivos beneficiosos para ellos y enseñándoles lo que es la autoestima.

El amor maternal también es necesario, aunque por naturaleza es incondicional. Los chicos que solo reciben amor maternal, sin el amor paternal complementario y condicional, pueden infantilizarse y no desarrollar la valentía. Mientras que las madres adoran a sus hijos, los padres establecen modelos de hombría para ellos. Los hijos de padres ausentes o maltratadores corren el riesgo de convertirse en acosadores y necesitan atención preventiva. Con las hijas, se invierte la pauta paternal: los padres adoran a sus hijas aunque a veces, desgraciadamente, abusan de ellas, mientras que las madres establecen modelos de mujer. En todo caso, los acosadores son mayormente niños varones con padres ausentes o maltratadores.

IKEDA: Entiendo... En definitiva, ya sea que hablemos del derrumbe de los parámetros morales o de una falta de influencia masculina positiva en la crianza de los niños, lo cierto es que detrás del acoso hay una ausencia de valores éticos, morales y personales —ausencia de «virtud» o de «bien», si se quiere— en la sociedad adulta que los rodea. Los niños necesitan ciertos afectos y cuidados que, tradicionalmente, se han asociado a los padres, pero que también pueden brindar los abuelos y muchos otros adultos presentes en la vida infantil. En determinada época, las escuelas y los ámbitos comunitarios representaban este tipo de presencia.

MARINOFF: Sí, los adultos son responsables de enseñar modelos de vida correctos a los niños. Cuando la sociedad infravalora la «virtud» o «el bien» y no actúa para corregir su propia discriminación y engaño, no es razonable pedir moralidad a los niños. Las raíces del problema siguen intactas.

En cuanto al acoso, los niños sufrirán más intensamente mientras la comunidad, el hogar y el colegio no hagan más que prescribir buen comportamiento sin corregir los problemas de fondo. La comunidad, el hogar y el colegio están inextricablemente unidos, y cada uno de ellos puede ofrecer soluciones que reconozcan su interrelación. Debemos inculcar virtudes sociales, restablecer el liderazgo paterno en el hogar y reintroducir la disciplina en los colegios.

IKEDA: Como usted dice, para la felicidad de los niños es fundamental que exista cooperación y convergencia entre la sociedad, el hogar y la escuela. Los adultos deben responder de manera concreta e impartir a los niños sabiduría y valor para evitar el maltrato y el abuso.

En otoño de 2006 dialogué con Betty Williams, Premio Nobel de la Paz por su labor pacifista en Irlanda del Norte; en esa oportunidad, me contó que su nieta había sido testigo de una situación de acoso en la escuela. La niña aconsejó a su amigo que no respondiera con agresiones, pues la no violencia era el arma de las personas fuertes. Estoy seguro de que esas palabras habrán sido muy alentadoras para el niño acosado.

En Asia, hay un aforismo que dice: «La adversidad vuelve sabio al hombre.» Siento que, efectivamente, la personalidad y las virtudes se elevan y acendran solo cuando uno enfrenta y supera las dificultades. Los adultos deben enseñarles a los jóvenes con su propio ejemplo a no menoscabarse y a no limitar su propio potencial; es importante que ellos observen este tipo de postura en actos reales y en victorias cotidianas.

MARINOFF: Las filosofías oriental y occidental convergen en este punto. El desarrollo personal depende de que uno se enfrente a los retos y los supere, mientras que la adversidad hace tiempo que se considera un acicate para echar mano de los recursos más profundos de la naturaleza humana. Tal como escribe Lord Byron: «La adversidad es el primer camino hacia la verdad.»[7] Emerson nos enseña la importancia de movilizar nuestra inherente fuerza de voluntad y nuestras ilimitadas posibilidades cuando escribe: «La adversidad es la prosperidad de los grandes.»[8]

El sol que llevamos dentro

IKEDA: En *Pregúntale a Platón*, usted postula que una de las «ocho maneras en las que la filosofía puede cambiar la vida» a la gente es abriendo los ojos. Esto guarda estrecha semejanza con la filosofía budista. Es fundamental que el ser humano tome conciencia de sus posibilidades y de su valor inherente, no solo porque este despertar genera confianza personal y valor, sino porque, además, transforma nuestra actitud hacia el otro. Y esto no solo es importante en el caso de los niños, sino de cada uno de nosotros.

MARINOFF: Muchas de las propuestas para cambiar de vida de la filosofía occidental convergen con el budismo. Esto es especialmente cierto en el caso de la tradición platónica, en la que tan inmersos estaban Emerson y su comunidad de idealistas de nueva Inglaterra.

Sin duda no es mera coincidencia que una réplica de *La es-*

cuela de Atenas, obra maestra de Rafael, adorne el escenario del Auditorio Ikeda de la Universidad Soka en el Japón. He visitado la casa de Ralph Waldo Emerson en Concord, Massachusetts, donde una réplica de buen tamaño del mismo cuadro ocupa un lugar destacado sobre la repisa de la chimenea del comedor.

Es indudable que la tradición platónica reinventó sin darse cuenta algunos aspectos clave de la filosofía budista y sería interesante explorarlos en profundidad. Por ahora está claro que usted y yo, tal vez como Emerson y Thoreau, valoramos la tradición de Platón, precisamente porque concibe la filosofía como una actividad para toda la vida, consagrada a iluminar las mejores cualidades que residen en todo ser humano mediante la reflexión, el diálogo y el ejemplo.

IKEDA: En la Soka Gakkai Internacional, procuramos enfocar e incrementar los mejores aspectos de cada persona, escuchando sus problemas, brindando aliento y creando un espacio colectivo donde compartir las experiencias dichosas y tristes. Este aliento se basa en el amor compasivo y en la valentía. En el budismo, el amor compasivo se define como la disposición a eliminar el sufrimiento y a impartir alegría. La persona que ama a los semejantes de este modo, en su afán de infundir paz espiritual a los demás y aliviar su carga de afflicciones, colabora con ellos para generar y expandir felicidad.

El poeta y escritor japonés Toson Shimazaki escribe que todas las personas pueden ser un sol. Nuestra responsabilidad no es tratar de alcanzar el sol que se eleva frente a nosotros, sino elevar nuestro propio sol interior. Creo que el renacimiento filosófico del que venimos hablando consiste en permitir que el sol interior, el poder de la vida, brille en cada individuo en su máximo esplendor. Esta es la fuente de luz capaz de alumbrar el futuro humano.

MARINOFF: La metáfora de Shimazaki y su visión de un renacimiento de la filosofía resultan muy convincentes. También están representadas en el cuadro de Rafael, en cuyo panel central se abren, detrás de Platón y Aristóteles, unos arcos que dan al cielo azul y a la resplandeciente luz solar. Así es como Rafael entendía el renacimiento italiano, que se fundamentaba en el neoplatonismo: la búsqueda filosófica que conduce a la iluminación. Y, como bien sabemos hoy en día, incluso los átomos de nuestro cuerpo fueron forjados por el sol, cuya luz radiante también es inherente a toda mente humana.

Séptima conversación

La naturaleza de la curación

IKEDA: El tema de la curación tiene mucho que ver con la filosofía, que, justamente, se considera un bálsamo del espíritu humano. En *Pregúntale a Platón*, usted comienza su apartado sobre las «ocho maneras en que la filosofía puede cambiar nuestra vida» con una cita del filósofo griego Epicuro sobre la curación.

> Vana es la palabra del filósofo que no cura ningún padecimiento del hombre. Pues así como de nada sirve la medicina si no expulsa las enfermedades del cuerpo, tampoco hay provecho alguno en la filosofía si no expulsa el sufrimiento de la mente.[1]

En esta conversación hablemos entonces sobre la curación, enfocándonos en su naturaleza y en el tipo de heridas que es necesario curar.

MARINOFF: Estaré encantado de discutirlo con usted. La curación es un tema importante en la actualidad porque las personas la necesitan sobremanera.

IKEDA: Recuerdo que en la década de 1990, durante una larga recesión que causó sufrimiento a gran parte de la población, en el Japón se usaba mucho la palabra *iyashi*, que significa «curación». De hecho, se puso tan en boga que, en 1999, *iyashi* fue la «palabra del año». En inglés moderno, el verbo *heal*, «curar», deriva del término *hal* en inglés antiguo, que denota algo total, completo e íntegro.

MARINOFF: Totalidad, salud e integridad son, en efecto, las denotaciones originales de *hal.* Hasta el día de hoy, en inglés a menudo describimos a una persona sana diciendo que está *«hale and hearty»* [«fuerte como un roble»].

IKEDA: De modo que, en inglés, la idea de salud [*health*] y la idea de totalidad [*wholeness*] tienen un mismo origen.

MARINOFF: Usted fundamenta de forma convincente el significado de *health* [salud] en su etimología anglosajona. Podemos concebir a una persona integrada como aquella cuyas distintas partes y aspectos están ordenados y funcionando en sintonía, posibilitando el rendimiento óptimo de su ser.

La preocupación helénica por los números racionales reflejaba la conciencia que tenían los griegos sobre la importancia de las proporciones integrales. Como bien sabe, un número racional es el que puede representarse como la proporción de dos números enteros. Los griegos percibían una relación entre las propiedades integrales de los números y la integridad humana. De ahí que se alteraran al descubrir los números irracionales (como la raíz cuadrada de 2), pues temían que una irracionalidad inherente a las matemáticas también podría condenar a la ética y la política a irracionalidades inherentes, haciendo inevitables los fallos de carácter individuales y los conflictos políticos colectivos.

¿Cuál es la etimología de *iyashi*? ¿Tiene una correspondencia similar con totalidad e integridad?

IKEDA: Veamos... El carácter *iyashi* (癒) tiene muchos significados. En él se combinan dos elementos principales: una raíz que significa «enfermedad», dentro de la cual hay otro elemento formado de dos partes centrales: arriba, varios trazos que, tomados en conjunto, significan drenar un forúnculo con una lanceta; abajo, el carácter que denota «corazón» o «mente». En otras palabras, el ideograma en su totalidad representa la idea de aliviar el malestar de la enfermedad, restablecer la salud e infundir tranquilidad psicológica.

Otra interpretación es que la parte central del carácter representa una barca hecha en un tronco tallado y ahuecado; la suma del trazo «mente», abajo de él, implica que lo que se excava y se elimina son las aflicciones. Según esta acepción, las dos partes interiores combinadas con la raíz de «enfermedad» transmiten la idea de extirpar o quitar las enfermedades del interior del cuerpo.

Ambas explicaciones tienen diferencias de matices, pero una y otra denotan «curar la enfermedad».

MARINOFF: Resumiendo, *iyashi* significa quitar algo malo y restablecer la buena salud y la integridad.

LAS AFECCIONES CAUSADAS POR EL ESTILO DE VIDA

IKEDA: Este significado de *iyashi* es muy similar al concepto budista del amor compasivo, que también combina la idea de eliminar el sufrimiento y generar alegría. En general, *iyashi* implica restablecer en el cuerpo y la mente la armonía y el equilibrio para reintegrarlos a su estado pleno y saludable.

La Organización Mundial de la Salud define la salud como «un estado de completo bienestar físico, mental y social, y no solamente la ausencia de afecciones o enfermedades».[2] Ese «bienestar social» conlleva una participación positiva en el mundo circundante, que comienza en el hogar y en el ámbito laboral.

Por lo tanto, la buena salud es un estado de equilibrio y de armonía en cada aspecto de la vida; es decir, mucho más que la ausencia de patologías. Esta definición, sin embargo, al parecer no goza de aceptación universal.

MARINOFF: La definición de la OMS es a un tiempo cierta y un tanto idealista, cuando no utópica. Incluso las personas con un cuerpo y una mente sanos están implicadas en situaciones sociales que distan mucho de ser saludables.

He vivido en Estados Unidos desde 1994, y mi impresión es que la comprensión que tienen los estadounidenses de la palabra «salud» es muy pobre. Uno se ve abocado a concluir que Estados Unidos se ha convertido en una sociedad que padece una enfermedad crónica.

¿Cabe considerar que alguien esté verdaderamente sano en el sentido completo, cosa que parece equivalente a una especie de perfección que por el momento no es observable ni alcanzable en esta tierra?

La actual epidemia de obesidad y consumo excesivo de comida basura indica que se tiene poca conciencia de la influencia que la nutrición tiene en la buena salud. Además, son demasiados los estadounidenses que no hacen suficiente ejercicio, dejando así de dar incluso los pasos más elementales para mantener una buena salud física.

IKEDA: En el Japón también se observan tendencias similares a las que prevalecen en los Estados Unidos, como usted acaba de señalar. Para dar un ejemplo, dos tercios de las muertes producidas en el Japón se relacionan con «afecciones causadas por el estilo de vida». Como lo indica el nombre, estas son enfermedades asociadas a los hábitos alimentarios, al sedentarismo, al trabajo y al patrón de descanso. Es una tendencia que se está estudiando seriamente en distintos países: los alemanes la llaman *zivilisationskrankheit* o «enfermedades de la civilización»; los suecos, *välfärdssjukdomar* o «enfermedades de la abundancia económica». Lo más triste es observar que este tipo de patologías comienzan a extenderse a los niños, nuestros tesoros del futuro.

MARINOFF: Se trata de un problema muy grave. Las actuales epidemias occidentales —observables en Europa y Norteamérica— de obesidad, acoso, hedonismo y consumismo, junto con el deterioro del tejido social, la deconstrucción de la educación, el desmoronamiento de la comunidad y el descenso de la tasa de natalidad, parecen síntomas de una enfermedad grave y quizá terminal de la propia civilización occidental.

En la medida en que Japón está occidentalizado, los japoneses también la padecen. Un pronóstico optimista diría que esos trastornos sociales y enfermedades culturales son, en principio, reversibles; implicarían un proceso presidido por un liderazgo firme, un ejemplo saludable, una educación eficaz, la inculcación de la virtud y la paliación de la ignorancia.

IKEDA: Aunque las enfermedades de la civilización no son estrictamente contagiosas, en un sentido muy real se transmiten de una persona a la otra, ya que la cultura es colectiva y el medio ambiente se comparte. En julio de 2007, un grupo de investigadores de la Facultad de Medicina de Harvard provocó un gran revuelo al anunciar, después de treinta y dos años de estudio, que la obesidad puede transmitirse a familiares y amigos.[3]

Como es natural, los niños son muy susceptibles a la influencia del entorno familiar. Para prevenir la aparición de enfermedades causadas por el estilo de vida, es fundamental que los pequeños reciban información correcta sobre la salud y que pongan en práctica hábitos saludables. Pero esta gran responsabilidad recae, principalmente, en los padres. Cada persona debe aprender a conducir su vida con sabiduría.

Por otro lado, también debemos observar críticamente en qué dirección se mueve la sociedad y, si fuera necesario, inducir un cambio de rumbo. Esto me hace pensar que otra de las funciones esenciales de la filosofía es, justamente, examinar la información y las prácticas con un enfoque crítico, ¿no es así?

MARINOFF: Sí, en efecto. La filosofía enseña que la capacidad de pensar críticamente es inestimable en la vida cotidiana y esencial para los profesionales de todo tipo. En cuanto a examinar críticamente las normas y costumbres, los filósofos desempeñan el cometido nietzscheano de ser «médicos de la cultura».

Si evaluamos los Estados Unidos desde este punto de vista, vemos que su capital intelectual está disminuyendo en picado. El sistema educativo se ha vaciado de contenido, mientras que los medios de comunicación consienten sin cesar la demanda de escándalos de celebridades y sensacionalismo barato. Un exceso de medios visuales junto con una institucionalizada falta de atención a la tradición escrita han producido una generación de niños con un nivel cognoscitivo lamentable, y millones de ellos son medicados a diario con estimulantes.

A pesar de todo esto, muchos norteamericanos siguen creyendo que el dinero resolverá todos sus problemas. La verdad, nunca he visto tanta desdicha en medio de semejante abundancia.

IKEDA: En ciertos aspectos, es cada vez más difícil mantener una vida sana. Uno debe realmente luchar para no perder la salud. Esa salud se «conquista» a través de inteligencia y de esfuerzo.

En algunas personas, el encuentro con la enfermedad abre una nueva visión de la vida, permite redescubrir su propósito, y vivir de manera más valiosa. Conozco a muchas personas que, aun sin tener un perfecto estado de salud, están contribuyendo positivamente a mejorar la salud de la población.

Y, a la inversa, otros tal vez no padezcan enfermedades físicas, pero eso no necesariamente significa que tengan una vida plena y sana. Según las escrituras budistas, «aunque alguien tenga gran fuerza física, si carece de espíritu resuelto no podrá aprovechar ninguna de sus aptitudes».[4] Por eso es importante pensar con detenimiento en qué consiste, de verdad, vivir sanamente.

LA MENTE GOBIERNA AL CUERPO

MARINOFF: Tal vez la buena salud consista en nuestra capacidad de mantener la serenidad y manifestar benevolencia, incluso cuando nos vemos obligados a soportar diversas aflicciones, ya médicas, ya emocionales o sociales. A modo de ejemplo, tomemos a Pablo Casals.

IKEDA: Casals, a quien ya mencionamos en nuestro intercambio sobre las palabras de aliento (en la «Tercera conversación»), vivió una larga existencia dedicada a la paz.

MARINOFF: Una vez se lastimó la mano en un accidente de alpinismo, cosa que lo obligó a cancelar varios meses de conciertos y a someterse a una prolongada rehabilitación. La gente pensaba que se desmoralizaría o que incluso se deprimiría. En cambio, resplandecía de felicidad. Su primer pensamiento, confesó tiempo después, fue: «¡Gracias a Dios, nunca tendré que volver a tocar el violonchelo!»[5] Creo que este es un ejemplo de verdadera buena salud, un estado en el que hacerse daño no afecta a la serenidad personal.

Lo ideal sería que esta serenidad no disminuyera siquiera ante una pérdida catastrófica o una muerte inminente. De modo que quizá la verdadera buena salud consista en la capacidad para, en el sentido budista, «hacer buenas causas» en cualesquiera circunstancias, por más espantosas que sean.

IKEDA: Coincido en que esta respuesta es esencial en la vida. Como usted ha explicado, lo importante es la actitud mental. Desde el punto de vista del budismo, «el gobernante del cuerpo es la mente».[6] En una época de angustia y de estrés —en el estado que usted denomina no «malestar», sino «mal-estar»—, resulta fundamental la capacidad de adoptar una actitud positiva. Se ha vuelto moneda corriente la tendencia a escapar de las situaciones adversas o a sucumbir a ellas con pasiva resignación. Aunque descubramos algún método para aliviar temporalmente la ansiedad o el estrés que nos provoca la realidad, a menudo este tipo de soluciones no son genuinas, pues cuando vuelve a ocurrir una situación desagradable, nos exponemos al mismo estrés y a la misma angustia.

Por consiguiente, como usted destaca, es necesario «hacer buenas causas» en cualquier circunstancia, por difícil que sea. ¿Quién debería responder así? Todos y cada uno de nosotros. Lo importante es tomar contacto con nuestra propia fuerza inherente, activar el potencial interior que todos poseemos, que es el poder de la vida. Para mí, es aquí donde la filosofía y la religión cobran su verdadera importancia en cualquier época, pero especialmente en este momento de la historia.

MARINOFF: Sí, así es. Me gustaría incluir otro factor en nuestra exploración de la verdadera buena salud: la emancipación, que es uno de los ocho efectos de la filosofía que planteo en *Pregúntale a Platón*. Tal como he hecho antes (véase la «Primera conversación»), doctor Ikeda, cito sus propias palabras al respecto: «La vida posee un potencial realmente insondable. [...] En la mayoría de casos, nuestras supuestas "limitaciones" son solo nuestra propia decisión de limitarnos.»[7] Las implicaciones de esta afirmación son profundas. Sugiere que la verdadera buena salud debe tener en cuenta no solo las dolencias e incapacidades, las heridas y las injusticias, sino también la eliminación de los impedimentos autoimpuestos.

IKEDA: Efectivamente. No debemos claudicar ante nosotros mismos. En una época como esta, adquiere especial valor la energía de la esperanza, la convicción resuelta de sentir «¡Puedo hacerlo y lo haré!». El budismo postula que la mayor alegría es la que uno siente al descubrir que el estado de vida más noble y digno posible existe dentro de su propio ser. La ignorancia primordial, por lo tanto, es no poder reconocer el supremo valor interior.

MARINOFF: Conozco a muchas personas que están mal de salud porque son desdichadas; son desdichadas porque no se sienten plenas; y no se sienten plenas porque ellas mismas han obstaculizado su plenitud.

Por ejemplo, uno de mis clientes era una profesional que ganaba mucho dinero en Wall Street pero padecía hipertensión. Su marido tenía una profesión semejante en un bufete de abogados de Manhattan donde soportaba mucha presión. Aunque no tenían preocupaciones materiales, ambos estaban sumidos en un perpetuo estado de estrés e infelicidad.

Mediante el asesoramiento filosófico, esta mujer encontró el aliento necesario para superar los impedimentos de ambos. Ahora ella y su marido llevan un negocio de jardinería y paisajismo en una comunidad rural. Se sienten felices y plenos aunque ganan menos dinero. Y aún más importante, su trabajo sirve para embellecer los hogares y entornos de la gente, de modo que sus propias vidas se ven imbuidas de belleza a diario.

LA IDEA DEL VITALISMO

IKEDA: Nichiren emplea la siguiente analogía para expresar los efectos del altruismo: «El que enciende una antorcha para iluminar a otros, también alumbra su propio camino.»[8]

La pareja que usted mencionó eligió vivir de tal manera que la dicha de los semejantes era, para ambos, una causa de dicha personal. Esta postura le valió el agradecimiento de los demás residentes de su localidad. Lo que interesa de esta anécdota no son los detalles específicos de la labor realizada, ya que cada persona tiene su propia capacidad y posee una misión diferente en la vida. Lo fundamental en este matrimonio es su determinación de transformar el lugar donde vivían. Esto, de por sí, refleja un notable crecimiento personal.

El cambio interior y la autosuperación espiritual producen una enorme esperanza. Todos tenemos defectos, así sean grandes o pequeños. En tal caso, lo que debemos hacer es tratar de transformarlos sabiamente y con una actitud positiva, e ir en busca de una nueva creatividad interior. El filósofo y educador John Dewey creía que la humanidad tenía un «recurso inexplorado», y que ese recurso era, justamente, el propio ser humano.[9]

Todos poseemos un potencial interior ilimitado. A mi entender, la forma de construir una vida realmente sana es desarrollar al máximo ese potencial que cada uno posee y, al mismo tiempo, crear valor en bien de los semejantes y de la sociedad.

MARINOFF: Definir el bienestar o la salud desde el punto de vista de la vitalidad equivale a abrir una vía filosófica muy interesante; a saber, la idea del vitalismo. La idea de que la vida encarna una fuerza vital se ha visto desacreditada pero no refutada por los avances del siglo XX en Biología materialista. Si la naturaleza de la curación es la que restablece la vitalidad, debemos tener en cuenta la fuerza vital que anima a los seres vivos.

IKEDA: ¿Qué es la vida? Esta es la pregunta fundamental que la humanidad tiene delante. El budismo Nichiren define los tres atributos más elevados de la vida mediante los tres significados del ideograma *myo* [literalmente, «místico» o «prodigioso»]: «abrir», «estar plenamente dotado» y «revivir». «Abrir» significa activar las posibilidades infinitas de la vida. «Estar plenamente dotado» se refiere a la función integradora y unificadora del ser, que armoniza todos los fenómenos y aspectos mediante la sabiduría y el amor compasivo. «Revivir» es restaurar lo que se ha dañado o perdido y permitir la expresión de las virtudes restablecidas. Cuando el sujeto emplea estas tres funciones y libera las energías que residen en lo más hondo de su ser, cuenta con la fuerza vital necesaria para vivir creativamente.

El budismo también enseña que el individuo es un microcosmos. Compara la forma redondeada del cráneo con la bóveda celeste; el cabello con la profusión de estrellas; las cejas con las siete constelaciones del hemisferio septentrional; los ojos, con el sol y la luna, y la vigilia y el sueño —es decir, los ojos abiertos y cerrados— con el día y la noche. Nichiren señala que «el sol, la luna y la miríada de estrellas existen en nuestro interior».[10] Esto ofrece una visión realmente grandiosa y amplia de la vida.

En otras palabras, el sol del Levante, el sereno resplandor de la luna, el fúlgido titilar de las estrellas en el firmamento, todo existe y tiene correspondencia en nuestro propio ser. Y esto implica que, aun en las épocas y en los momentos más sombríos, cada uno de nosotros sigue siendo un sol luminoso. Cada ser humano corporifica la sublime Ley que permea el universo. Los procesos de curación son oportunidades para recuperar el estado primigenio de equilibrio, salud y «bien-estar» que la vida posee en forma intrínseca.

MARINOFF: Casi todas las personas procuran mantener un equilibrio de bienestar que cabe asemejar a un estado vital sereno. Las perturbaciones externas o internas que causan infelicidad o malestar a veces rompen ese equilibrio. Por consiguiente, la curación consiste en cualquier intervención o proceso que permita o cause el restablecimiento del estado vital.

Octava conversación

Curar las heridas de la división arbitraria

IKEDA: La vida nos resulta tan familiar e inmediata que, por un lado, nos parece un lugar común y, sin embargo, también entraña un misterio y un prodigio inalcanzable. Sobre la maravilla de la vida, Tagore expresa: «Los seres humanos solo podemos contar con nuestra propia fuerza si comprendemos que la ley universal nos es inherente.»[1]

En nuestra conversación anterior, nos referimos a la curación como el proceso de restablecer la integridad de la vida y nos detuvimos a pensar cómo activar esa fuerza vital interna que hace posible dicha restauración. Ahora cabe pensar: ¿Cómo funciona y opera la vida? ¿De qué manera podemos incrementar sus recursos? Son preguntas tan importantes como difíciles de responder. A modo de preámbulo, me gustaría ofrecer una sencilla explicación de la doctrina budista sobre los diez estados de vida.

MARINOFF: Hágalo, por favor. Me alegró encontrar una lúcida exposición de los diez estados, dirigida a lectores británicos, en el excelente libro *The Buddha in Daily Life* [El Buda en la vida cotidiana], del difunto Richard Causton, primer director general de la Soka Gakkai Internacional en el Reino Unido. Después adapté su versión para los lectores norteamericanos en *Pregúntale a Platón*.

IKEDA: Así es. Richard Causton, un verdadero caballero inglés, fue uno de mis más preciados e inolvidables amigos.

La teoría de los diez estados, derivada del *Sutra del loto*, es la base de un sistema de pensamiento más complejo conocido como «los tres mil aspectos contenidos en cada instante vital»,[2] formulada por Zhiyi. Zhiyi observó la vida y, en función de ciertas características o tendencias dominantes, postuló diez categorías o modos de existencia, que van desde el estado de infierno hasta el estado de Budeidad. Dichos estados se manifiestan en una dinámica incesante, a cada momento, en respuesta a determinadas causas que los suscitan, y ellos son los siguientes:

1) El estado de infierno, condicionado y limitado por el sufrimiento.
2) El estado de hambre, caracterizado por la insatisfacción de las pulsiones y deseos.
3) El estado de animalidad, en el cual se experimenta el miedo a los más fuertes y el desdén a los más débiles.
4) El estado de ira, en que se busca dominar a los demás, en la creencia de que el yo es superior a los otros.
5) El estado de humanidad o tranquilidad, en el cual se puede juzgar la realidad serenamente y se vive en un marco de estabilidad subjetiva.
6) El estado de éxtasis, que se caracteriza por el júbilo asociado a la concreción de los deseos y anhelos.
7) El estado de aprendizaje, propio de los que comprenden la transitoriedad de la vida habiendo escuchado las enseñanzas budistas.
8) El estado de comprensión intuitiva, habitual en los que adquieren cierta iluminación parcial por medio de la autorreflexión, y que pueden colegir las leyes que gobiernan el mundo natural y los demás fenómenos.
9) El estado de *bodhisattva*, en el cual el sujeto procura su propia iluminación en forma simultánea al esfuerzo por esclarecer a los demás transmitiéndoles las enseñanzas budistas.

10) El estado de Budeidad, o de Buda, que expresa la forma de vivir más potente, exultante y correcta. En este estado, la condición humana revela su máxima expresión y plenitud, desplegando libremente recursos interiores como la fortaleza, la sabiduría y el amor compasivo.

El budismo enseña que la vida está sujeta a una dinámica de fluctuaciones y cambios incesantes. Según Nichiren, «una sola persona tiene ochenta y cuatro mil pensamientos en el transcurso de un día».[3] Algunos, en el transcurso de un solo día, pueden experimentar alternadamente los estados de infierno, hambre y animalidad (que se conocen como los «tres malos caminos» o, si se les suma el de ira, los «cuatro malos caminos»), lo cual redunda en un estado de vida bajo y brutal. Otros pueden gozar del estado de *bodhisattva* en forma prolongada. La duración de estos estados de malestar o bienestar varía en cada sujeto.

El estado de Budeidad —que es el estado de Buda inherente a la vida humana— no es una adquisición extraordinaria o remota, ajena a nuestras posibilidades. Está presente en la vida de todos los seres, como un estado latente que ha existido originariamente. El propósito de las enseñanzas budistas es, justamente, permitir que lo manifestemos.

¿Cómo han respondido los lectores norteamericanos a esta visión de la vida que usted describe en su libro, y qué piensa usted de ella?

MARINOFF: Gracias por esta elegante sinopsis de los diez estados vitales que, sin duda, me ayuda a entenderlos mejor. Muchos de mis lectores, en distintas partes del mundo, han reaccionado muy positivamente al budismo o, al menos, a mi versión filosófica de él. He tenido ocasión de enseñar la doctrina de los diez estados en el City College de Nueva York, donde los estudiantes proceden de ciento cincuenta países.

Permítame contarle algo muy especial que ocurrió después de un curso sobre budismo que impartí hace poco. Como bien sabe, un creciente número de judíos y cristianos han abrazado la filosofía y la práctica budista. Pero el budismo todavía no ha penetrado a fondo en la rama musulmana de las tres religiones bíblicas. Sin embargo, uno de mis alumnos musulmanes me envió la nota siguiente:

> El budismo ha tenido un profundo efecto sobre mí desde que comencé a aprenderlo en clase. Aunque nací y me eduqué como musulmán y tengo previsto seguir siendo musulmán el resto de mi vida, muchas de las cosas que hemos comentado en clase me son afines y sintonizan conmigo. Me siento identificado con la filosofía del budismo.

Está claro que la filosofía humanística del budismo ha reforzado los aspectos más nobles de su fe. Esto presagia una buena propagación del budismo en las culturas islámicas, aunque tal difusión conlleve décadas o siglos.

En lo que atañe a la cultura norteamericana establecida, su público tiene un interés mínimo por la filosofía. Norteamérica es la reencarnación de la antigua Roma, no de la antigua Grecia; sus habitantes están acostumbrados a los circos, no a los conceptos. La cultura del país abusa tanto de la psicología y la medicina que los modelos freudianos y los medicamentos antidepresivos imperan en su estado vital. ¿Con qué resultado? Los norteamericanos superpueblan los cuatros reinos inferiores de los diez estados.

Por consiguiente, estoy convencido de que muchos norteamericanos agradecerían la visión emancipadora de los diez estados, si hubiera más oportunidades de hacerlos tomar conciencia de ella.

LA PRIMERA CONDICIÓN PARA LA CURACIÓN

IKEDA: Ya veo. Estoy seguro de que sus ideas precursoras se entenderán más ampliamente y tendrán mayor aceptación aún con el transcurso del tiempo.

Uno de los puntos más destacados de la enseñanza sobre los diez estados es que explica de manera concreta los fenómenos asociados a la felicidad y la infelicidad, remitiéndose a la dimensión más profunda del propio ser. El *Sutra del loto* enseña que cada uno de los diez estados posee, además de su propia característica, el potencial de los otros nueve. A esta dinámica se le llama «posesión mutua». La implicación de este principio es que el estado de Budeidad se encuentra en la vida de todas las personas, sea cual fuere el estado que manifiesten en este momento. Con todo, esa Budeidad puede estar empañada por la ignorancia.

Lo que buscan las enseñanzas budistas es permitirnos transformar cualquier situación en que nos hallemos. En otras palabras, desde el mismísimo comienzo hemos tenido en nosotros mismos la capacidad y el potencial de curarnos.

MARINOFF: Comprendo el parecer del budismo. La primera condición para la curación es la toma de conciencia. La gente debe ser consciente de que estar vivos como seres humanos animados es lo que permite movilizar su enorme potencial de fuerza vital. Su capacidad de curar solo se podrá restablecer cuando comprenda que tales recursos residen en su fuero interno y que su salud no tiene por qué depender pasivamente de poderes externos.

IKEDA: Ah, muy bien... Aquí estamos ante el quid de la cuestión. Las enseñanzas del budismo Nichiren describen «la inmensa alegría que uno experimenta cuando entiende por primera vez que nuestra mente ha sido un buda desde el mismísimo comienzo».[4] Lo cierto es que cuando uno toma conciencia del tremendo valor y de la dignidad que posee su vida, activa al mismo tiempo un poder de curación inagotable. El más grande sanador que existe es uno mismo.

Ahora, si pasamos a la siguiente cuestión, la pregunta sería ¿qué es, exactamente, lo que estamos curando? Creo que es crucial identificar de manera correcta las heridas que la humanidad necesita sanar.

MARINOFF: Las heridas perennes que son producto de apegos, deseos y venenos mentales (como el odio, la codicia y la envidia), así como de la ignorancia sobre las verdaderas causas del sufrimiento, deben curarse en cada generación.

IKEDA: Desde la perspectiva de los diez estados, lo que provoca tales heridas son los cuatro estados inferiores de infierno, hambre, animalidad e ira. El interés primordial del budismo es elevar nuestro estado interior, partiendo del estrecho egocentrismo que representan tales condiciones subjetivas, en dirección a estados de ser más elevados y amplios, como los de aprendizaje, comprensión intuitiva, *bodhisattva* o Budeidad. El aspecto principal de la teoría de los diez estados es llevar a cabo nuestra revolución humana y convertir un yo limitado, estrecho y centrado en sí mismo en un yo superior, que busque simultáneamente la felicidad personal y la del prójimo.

En el pensamiento budista, como antes mencioné (en la «Quinta conversación»), el egoísmo cerrado es una expresión de los tres venenos —odio, codicia y estupidez—, es decir, las obstrucciones al logro de la iluminación que derivan de las ideas distorsionadas sobre el yo. De ese egoísmo dimanan las obstrucciones internas que no nos dejan ser felices y causan nuestra desdicha.

Nichiren observa que «el hambre es producto de la codicia; la peste, resultado de la estupidez, y la guerra, consecuencia del odio».[5]

En otras palabras, cuanto más fuerte es la incidencia de los tres venenos, más se debilita nuestra salud y más se deteriora nuestro equilibrio físico y mental; y cuanto mayor es su prevalencia, más inestabilidad expresa la sociedad.

Heridas comunitarias

MARINOFF: Debemos considerar las siguientes heridas que hay que curar en el conjunto de la sociedad. Cada comunidad humana —sea tribal o familiar, religiosa o nacional— tiene heridas particulares que requieren curación. Pero si hablamos de la sociedad como un todo, refiriéndonos a la única comunidad humana que habita nuestra aldea global, las heridas que requieren curación con más urgencia son precisamente las que dividen esta sociedad global en partes antagonistas.

IKEDA: Todos somos parte del género humano; por ende, ya que somos una comunidad, compartimos un mismo destino global. En plena guerra fría, Toda fue uno de los primeros activistas en proponer un debate sobre la ciudadanía global y en plantear que todos los seres humanos, al margen de sus diferencias nacionales y étnicas, somos congéneres y habitantes de un mismo planeta. Consciente de los males que dividen a los seres humanos, advirtió sobre la patología social de privilegiar los argumentos nacionalistas e ideológicos sobre la vida humana en general.

MARINOFF: Tuvo suerte de tener un mentor tan visionario como Toda. Ahora hay millones de miembros de la Soka Gakkai Internacional que comparten esa buena suerte dado que usted, habiendo entendido y actuado en consonancia con esa advertencia, ha dado prioridad a la dignidad humana por encima de otras consideraciones más básicas. No obstante, aunque la Guerra Fría ha terminado, sigue habiendo millones de personas envueltas en conflictos ideológicos divisivos.

IKEDA: No se me ocurre que pueda haber una cura esencial para las heridas de la sociedad, a menos que corrijamos los errores de juicio y las ideologías erradas que alimentan los conflictos y el cisma en la comunidad humana.

MARINOFF: Es decir, la sociedad en general sufre heridas que provocan que no se perciba a sí misma como un todo. Solo cuando la sociedad humana se vea como un todo será posible curar sus heridas divisivas.

IKEDA: Me parece una observación fundamental. En relación con la pérdida de humanismo que acompaña los avances tecnológicos de la sociedad moderna, usted ha citado a Emerson: «La razón por la cual el mundo carece de unión y se muestra partido y fragmentado es la propia desunión del hombre consigo mismo.»[6] Esta desunión, entiendo, es la incapacidad de manifestar la naturaleza integrada y total de la vida. En ese estado de desunión interior, experimentamos la vida de manera distorsionada, deteriorada y discordante.

MARINOFF: Lamentablemente, así es. Emerson fue un visionario al entender los defectos deshumanizadores que tendrían los avances tecnológicos. En los comienzos de las revoluciones científica e industrial, los optimistas vieron una oportunidad para emancipar a los seres humanos de las tareas más pesadas y aburridas del trabajo cotidiano, mejorando así su calidad de vida. Pero los excesos de la revolución industrial terminaron por mecanizar a la propia humanidad, tal como en la actualidad los excesos de las tecnologías cibernéticas sumen a las personas en un mundo virtual, divorciándolas todavía más de la realidad.

La desunión sobre la que escribe Emerson es, en efecto, más palpable actualmente y solo se le puede poner remedio regresando a la integridad. Para Emerson y su comunidad de idealistas de Nueva Inglaterra, la mejor manera de conseguirla era estando en íntima comunión con la naturaleza, tal como hizo Thoreau.

Ser verdaderamente humanos

IKEDA: Esta comunidad fue la constelación filosófica del renacimiento norteamericano, en el siglo XIX. He sido un lector voraz del *Walden* de Thoreau desde mis años de juventud. Por eso me siento tan honrado de haber publicado un diálogo con los doctores Ronald A. Bosco y Joel Myerson [*Creating Waldens*] —dos académicos que presidieron la Asociación Thoreau en los Estados Unidos— sobre la filosofía de ese gran movimiento cultural.

Emerson exhorta al ser humano a regresar a la naturaleza, para vivir creativamente y a la altura de su elevadísimo potencial:

> Mientras caminaba por el bosque y mi espíritu se elevaba hacia el espacio infinito, me regocijé en mi conexión con el universo [...]. La totalidad de la naturaleza se dirige a la totalidad del hombre. Esto nos tranquiliza... Más que un remedio, es salud.[7]

La filosofía de Emerson, fuertemente influida por el pensamiento asiático, sigue aún hoy iluminando el mundo entero. Thoreau, que recogió y puso en práctica las ideas de Emerson, advirtió que «el hombre se ha convertido en instrumento de sus instrumentos»,[8] en una sociedad consagrada a la búsqueda de riqueza y de comodidad. Recordemos que lo dijo en momentos en que la revolución industrial inglesa estaba imponiéndose en Norteamérica...

MARINOFF: Y ahora, un siglo y medio después, la modernidad y su rival, el posmodernismo, acechan la búsqueda de una felicidad sostenible para la humanidad.

A finales de agosto de 2001 pasé un idílico día de verano en Concord, recorriendo los antiguos senderos de Emerson y Thoreau, en estrecha comunión con sus grandes espíritus. Esa experiencia me conmovió hasta lo más profundo. La serenidad que me transmitió no tardó en irse al traste con los acontecimientos del 11 de septiembre, pero las «torres gemelas» del idealismo de Emerson y Thoreau siguen en pie, indemnes pese a las conflagraciones de los seres humanos.

Tal como usted presume, es cierto que el pensamiento asiático influyó en Emerson. Entretanto, la filosofía de la desobediencia civil no violenta de su *protégé* Thoreau llegó a ejercer una influencia fundamental en Tolstoi, Gandhi, King y en usted mismo. Los idealistas de nueva Inglaterra eran a la vez reflectores y transmisores de sabiduría perenne, de ideas que curan a toda la humanidad.

Mientras los seres humanos pasen la mayoría de las horas de vigilia emulando las ruedas dentadas de las máquinas o los nodos de las redes, la desintegración del yo y la sociedad —así como el expolio del planeta que genera dicha desintegración— no hará más que empeorar.

IKEDA: Yo también tengo esta misma preocupación. Para replantear aquí algo que ya habíamos dicho (en la «Quinta conversación»), esa conciencia de la totalidad se está perdiendo en el ser humano, debido a la ruptura de tres vínculos esenciales: el del individuo con la sociedad, el del individuo con la naturaleza, y el del cuerpo y el espíritu. La sociedad está enferma en una época como la nuestra y necesita recuperarse.

El cuerpo y el espíritu, originalmente, son dos términos indivisibles. El budismo lo expresa como la «inseparabilidad entre el cuerpo y la mente». Otra doctrina budista expresa la inseparabilidad entre la vida y su ambiente; este principio esclarece que los seres y el entorno donde viven constituyen una unidad. A su vez, como ya antes mencioné (en la «Séptima conversación»), el budismo considera que el individuo es un microcosmos cuya vida mantiene correspondencia con el macrocosmos del universo. Por otro lado, desde la perspectiva budista el individuo, la sociedad humana, la naturaleza, la tierra y todo el universo constituyen una gran entidad viviente.

Esta filosofía también postula que en un solo instante vital del microcosmos, del individuo, existe la gigantesca entidad vital del universo entero. Estoy convencido de que esta visión budista de la vida contiene claves esenciales, en lo que respecta a entender la curación como el reestablecimiento de la totalidad.

MARINOFF: Las inseparabilidades que usted subraya son reveladoras, además de pertinentes. Extraviados en la multiplicidad, los occidentales a menudo pierden de vista la unidad. En cambio, tal como usted ha dicho, quienes experimentan la integridad en sí mismos ejercen una influencia similar sobre su entorno.

¿UN «EGO SALUDABLE»?

IKEDA: Usted ha manifestado que un primer paso de su consultoría filosófica consiste en hacer que la persona reconozca su estado actual. Recalca la necesidad de empezar preguntando si la situación del consultante es de malestar o, su corolario psicológico, de «mal-estar». Este consejo es crucial.

De acuerdo con los diez estados, esa percepción de mal-estar se asocia a los tres o a los cuatro malos caminos. El malestar, como síntoma, denota la necesidad de un tratamiento. Pero, a la hora de superar el mal-estar o la enfermedad, el agente activo es siempre el yo.

En tal caso, la pregunta es cómo lo hace el sujeto para llegar a una profunda comprensión de su circunstancia... ¿Cómo puede alguien percibir su estado tal cual es? Este es un paso decisivo para la autotransformación. Así y todo, para el ser humano resulta difícil conocer de verdad su propio estado.

MARINOFF: Sí, puede llegar a ser muy difícil. Una lámpara alumbra los alrededores pero no su funcionamiento interno. El yo no puede conocerse a sí mismo de verdad, aunque sí es capaz de engañarse a sí mismo. El yo egotista y autoengañado forja grilletes de malestar, mientras que el bienestar emana copiosamente del no-yo. La transformación verdaderamente vital es, por consiguiente, la que nos lleva del yo al no-yo.

Ahora bien, darse cuenta de esto puede llevar mucho tiempo. Si bien es saludable tratar de transformar el malestar en bienestar, intentar hacerlo mediante llamamientos directos al yo solo puede conducir a un mayor malestar.

Creo firmemente que la idea de un «ego saludable» es un oxímoron. Por definición, el ego es enfermizo y el origen de todo malestar.

Mi consejo a las personas que emprenden tal búsqueda es que pidan tantas opiniones dignas de confianza como les sea posible, bien a la familia, a los amigos o a profesionales de distintos campos. Más allá de esto, uno puede consultar un sinfín de libros sobre Filosofía y Psicología, tanto occidental como oriental. Uno nunca debería desalentarse o confundirse cuando las opiniones profesionales divergen o se contradicen, pues abordar la verdad no es algo que se haga forzosamente por un único camino. Tal como sabían Cicerón en la antigua Roma y John Stuart Mill en la Inglaterra victoriana, la verdad a menudo surge de posturas opuestas o rivales.

Lo importante es hacer un esfuerzo sincero por «conocerte a ti mismo» y progresar para «conocer a tu no-yo». Al malestar, en última instancia, hay que seguirle el rastro hasta su origen para eliminarlo de raíz.

IKEDA: ¿Qué deberían tener en cuenta a la hora de dar consejos los familiares y amigos que desean ayudar a alguien a comprender su propio estado?

MARINOFF: La actitud de la «no actitud» sería la mejor, aunque es difícil ponerla en práctica con quienes nos son más próximos. La mejor manera que tengo de ayudar a mis clientes consiste en escucharlos e intentar comprender su situación, más que imponerles mis creencias o prejuicios. Lo mismo es todavía más cierto en el caso de la familia y los amigos.

Todos podemos curar

IKEDA: El filósofo Zenón de la antigua Grecia advertía: «Si tenemos dos orejas y una sola boca es para que escuchemos más y hablemos menos.»⁹ El esfuerzo genuino de escuchar a los demás es siempre positivo.

MARINOFF: Una metáfora sucinta. La familiaridad y la proximidad pueden suscitar juicios tópicos o subjetivos en lugar de valoraciones objetivas. Para resultar verdaderamente de ayuda, uno debe considerar la situación del otro desde el punto de vista del apoyo caritativo y la imparcialidad altruista. Esto con frecuencia es más fácil de conseguir con desconocidos que con familiares o amigos.

IKEDA: Esta misma actitud de apoyo puede infundir fuerza a los pacientes que sobrellevan tratamientos médicos. Hace veinte años me reuní a dialogar con el doctor Bernard Lown, ganador del Premio Nobel de la Paz y cofundador de la organización no gubernamental Asociación Internacional de Médicos para la Prevención de la Guerra Nuclear (IPPNW, en inglés). El doctor Lown lamentaba que el foco principal de la medicina moderna no fuesen tanto la salud y la curación como el tratamiento de las enfermedades. Notaba que, con el avance de las tecnologías terapéuticas, el número de médicos dispuestos a escuchar a sus pacientes había disminuido visiblemente. El diálogo entre médico y paciente, tan decisivo para activar la fuerza de curación de las personas enfermas, tendía a desaparecer. Según comentaba, esta falta de enfoque en la curación tenía relación directa con la ausencia de diálogo. Creo que la observación del doctor Lown concuerda en todo con la suya...

MARINOFF: Lamentablemente, usted y el doctor Lown están en lo cierto. A pesar de los grandes avances científicos y tecnológicos en la medicina, la industria médica cada vez se centra más en las enfermedades y menos en las personas. Este proceso deshumaniza a todos los implicados: médicos, enfermeros y pacientes. El médico de familia es una reliquia del pasado que ha sido sustituida por una tecnocracia impersonal.

IKEDA: Es todo un problema... Por eso, los pacientes que dan con un buen médico son muy afortunados.

Como dijo Lown en una entrevista para el *Seikyo Shimbun* —el diario que publica la Soka Gakkai—, los médicos deben replantearse su función, que no se limita solo al tratamiento del cuerpo enfermo, sino que se extiende también a curar la mente y el espíritu. Un médico que no puede restablecer la salud es un médico que ha olvidado el arte de escuchar a sus pacientes, dijo. Y agregó que saber escuchar comienza por respetar al interlocutor.

La curación comienza por respetar a la otra parte y a querer escuchar. Estos aspectos siempre válidos lo son mucho más incluso en la relación médico-paciente. En una época en que reina la indiferencia y el menosprecio a los semejantes, este es un principio que todos haríamos bien en aplicar.

MARINOFF: Cada individuo debe aceptar la responsabilidad de ayudar a sanar a los demás, a su manera. El espíritu del *bodhisattva* puede hacerse realidad en cualquier profesión. Esta es la quintaesencia de la enseñanza de los diez estados. Solo cuando cada persona acepte la responsabilidad de curar será posible reducir el malestar a niveles insignificantes.

Novena conversación

El poder terapéutico del diálogo

IKEDA: Usted vive en la campiña, al norte de la ciudad de Nueva York, en una localidad llamada Monroe, en el condado de Orange.

MARINOFF: Sí, en efecto.

IKEDA: Se da la coincidencia de que en otro condado de Orange [Orange County], pero en California, se encuentra el campus de la Universidad Soka de los Estados Unidos que yo fundé. Así que ese nombre me trae reminiscencias muy gratas.

MARINOFF: Me alegra que así sea. Una coincidencia muy interesante. He visitado la universidad y me pareció un lugar maravilloso; la arquitectura y los jardines son preciosos. Estos dos condados de Orange, uno en cada costa, son como sujetalibros geográficos de los Estados Unidos.

IKEDA: He oído decir que Monroe, con sus bosques y lagos, tiene un hermoso paisaje natural.

MARINOFF: Sí, así es. El parque estatal Harriman, con sus trescientas hectáreas de bosques y lagos impolutos, queda cerca.

Y la famosa Senda de los Apalaches pasa por el propio Monroe. Espero que algún día me visite.

IKEDA: Le agradezco mucho la invitación. Poder visitarlo sería para mí un verdadero placer.

MARINOFF: El pueblo lleva el nombre de James Monroe, quinto presidente de los Estados Unidos. Bendecida con recursos naturales de hierro y cal, la región ha sido un centro minero desde el siglo XVIII. Además, la primera quesería del país se abrió en Monroe, cuyo nombre original (en 1799) era Cheesecock.

IKEDA: Veo que vive en un lugar de gran interés histórico. ¿Cómo se traslada a la ciudad de Nueva York?

MARINOFF: Siempre voy a trabajar en autobús y metro, desde Monroe hasta el campus del City College de Nueva York.

IKEDA: Me encantaría conocer también la sede de la universidad.

MARINOFF: Faltaría más. Nos honraría mucho con su visita.

IKEDA: En verdad, estoy vinculado con la Universidad de la Ciudad de Nueva York (a la cual pertenece el City College). En enero de 2000, el Queens College me confirió un doctorado *honoris causa* en Letras y Humanidades.

MARINOFF: Sí, entre cientos de sus bien merecidos honores. Y hay otra interesante relación: el doctor Allen Sessoms, presidente del Queens College en aquel entonces y actual presidente de la Universidad del Distrito de Columbia (desde septiembre de 2008), también es amigo mío. Siente una gran admiración por usted.

IKEDA: Es un honor contarlo entre mis amigos. Le ruego haga llegar al doctor Sessoms mis mejores deseos.

En otro orden de cosas, tengo entendido que la flor nacional de los Estados Unidos es la rosa...

MARINOFF: Así es.

IKEDA: Y, si no me equivoco, ¿también la rosa es la flor emblemática del estado de Nueva York?

MARINOFF: Sí. La rosaleda Cranford del Jardín Botánico de Brooklyn, uno de los más famosos de su clase en el país, tiene más de cinco mil rosales de mil cuatrocientas variedades.

IKEDA: Con razón es una de las mayores atracciones turísticas de la ciudad... La rosa, flor muy apreciada en el Japón, aparece mencionada en el *Man'yoshu* [Colección de diez mil hojas], antología poética del siglo VIII, y también en el *Cuento de Genji*, escrito hace un milenio. La variedad *Rosa Chinensis*, como su nombre sugiere, llegó al Japón desde la China.

MARINOFF: Usted redondeó su conferencia de 1991 en Harvard con una famosa cita de Emerson, en la que ensalza la belleza de la rosa y la amistad:

> *Oh amigo, mi pecho dijo,*
> *solo a través de ti se aboveda el cielo,*
> *a través de ti la rosa es roja,*
> *a través de ti todo toma una forma más noble*
> *y parece ultraterreno.*
> *El molino de nuestro destino parece*
> *un camino soleado en tu valía.*
> *También a mí tu nobleza me ha enseñado*
> *a dominar mi desespero;*
> *las fuentes de mi vida oculta*
> *se aclaran con tu amistad.*[1]

IKEDA: Recuerdo muy bien esa conferencia. Allí me referí a la necesidad de revivir una filosofía que elevara nuestro nivel de humanismo, y desarrollé el concepto del *soft power* o «poder moderado», que aparece en el título de la disertación, «La época del *soft power*». Por eso me alegra tanto tener esta oportunidad de estrechar lazos de amistad y de mantener un diálogo profundo y trascendente con un filósofo de su enorme calibre, doctor Marinoff. Espero que este intercambio enriquezca espiritualmente a numerosos lectores y contribuya a la salud y el bienestar de todos ellos.

MARINOFF: Es usted sumamente generoso. Por mi parte debo decir que mantener este diálogo con usted es un privilegio que me cambiará la vida, una oportunidad única para filosofar con el líder budista más consumado de nuestro tiempo. Inspirado por su ejemplo, sumo mi esperanza a la suya: que nuestras palabras creen valor para todo aquel que tenga ocasión de leerlas. Con tal fin, ¿qué le parece si volvemos sobre nuestra pregunta acerca del poder sanador del diálogo?

EL DIÁLOGO BASADO EN LA CONFIANZA MUTUA

IKEDA: Felix Unger recalca que el amor compasivo es el fundamento de toda curación. Además, para cualquier persona es el origen de una fuerza incalculable. También escribe que esa benevolencia se manifiesta en actitudes y conductas cotidianas, como brindar palabras de aliento o saber escuchar con interés y atención. ¿En qué contextos considera usted que las relaciones humanas resultan curativas o ayudan a restaurar la salud?

MARINOFF: En muchos casos de malestar, las personas tienen la capacidad de curarse a sí mismas, pero con frecuencia es preciso el diálogo para activar dicha capacidad. Es decir, debemos crear un espacio reflexivo en el que las personas sean escuchadas, comprendidas y valoradas, pero no juzgadas. Así es como las relaciones personales devienen más curativas. Solo entonces tienen la libertad de desentrañar las profundidades de su malestar. En ese momento, su poder de curación comenzará a funcionar al máximo.

Por ejemplo, recuerdo que una vez asesoré a una mujer joven en Palermo, Italia, en una sesión demostrativa para asesores filosóficos sicilianos. Esto planteaba un reto adicional ya que se llevaba a cabo con un intérprete, con público y ante una cámara. La mujer estaba bloqueada, se sentía incapaz de concederse permiso para seguir un camino de plenitud. Por consiguiente, estaba atrapada en la infelicidad.

Al cabo de media hora de diálogo, de repente hizo un descubrimiento y comprendió que era ella quien tenía las claves para su liberación. Después, cuando se le preguntó qué había dado pie a ese descubrimiento, dijo que fue la «mirada amable» del asesor. Me dio una gran lección sobre el poder de la amabilidad para catalizar la curación.

IKEDA: Qué magnífica historia... El punto es que usted no se relacionó con esta joven únicamente como consejero, sino también como ser humano. En su diálogo, escuchó de verdad sus problemas y se dirigió a ella como un igual, en lugar de situarse en la posición distante y superior del «profesional». Por eso, seguramente, ella respondió a su genuino deseo de aliviarle el sufrimiento. El enfoque que usted adoptó, entonces, fue despertar en la otra persona su propia capacidad de curación y permitirle dar ese paso decisivo.

Además, los ojos tienen un poder especial. De hecho, en el budismo se considera que la mirada bondadosa es una forma de ofrenda.

El proceso de comunicación entre dos individuos para abrir ese «espacio reflexivo» que usted menciona es el punto de partida de la curación. Dicho proceso implica reconocer el dolor del otro y responder con empatía en un diálogo, donde prime la confianza mutua. Ahora bien, ¿cómo se llega a esa suerte de encuentro genuino de vida a vida en el diálogo?

MARINOFF: Deberíamos relacionarnos con los demás tratándolos como a iguales. Deberíamos entablar diálogo con ellos como entrevistadores, procurando entender su malestar, aspirando a comprenderlos sin juzgarlos, infundiéndoles confianza para curarse en lugar de hacerse daño, valorando y apelando a sus cualidades más saludables.

Cualquier diálogo que se mantenga sobre este fundamento será casi con toda certeza beneficioso para ambas partes, no pernicioso. En dicho diálogo, deberíamos evitar la naturaleza jerárquica de las relaciones basadas en el nivel social o la postura profesional.

IKEDA: Coincido con usted. El *bodhisattva* Jamás Despreciar, que se menciona en el *Sutra del loto*, saluda con una reverencia a todas las personas que encuentra y les dice:

> Siento profundo respeto por vosotros. Jamás osaría trataros con desprecio o arrogancia. ¿Y por qué? Porque todos estáis practicando el camino del *bodhisattva* y sin falta obtendréis la Budeidad.[2]

Ese profundo respeto a los demás es la esencia del budismo. En esta sociedad tan vertiginosa, donde los vínculos están tan debilitados, hay pocas oportunidades de entablar diálogos significativos con el otro. En lugar de disfrutar de una comunicación real, muchos sufren a causa del aislamiento.

Por eso es tan importante hacer a un lado las diferencias y escuchar de verdad al otro, compartir su sufrimiento y su dolor como semejantes... Ese corazón capaz de escuchar al otro con empatía tiene el poder de abrir el corazón de los demás, disipar la angustia y curar las heridas psíquicas. Dicho de otro modo, solo un corazón puede conmover a otro corazón.

«Cuando tú sufres, yo sufro también»... Ambas partes se

fortalecen y se elevan cuando participan en un diálogo basado en la empatía. Esto, en el budismo, se llama «compartir los sufrimientos.»

Una alianza terapéutica

MARINOFF: Un número creciente de asesores filosóficos, así como psicólogos y médicos, está cobrando conciencia de la eficacia del enfoque que da el budismo al diálogo.

Hablando desde mi experiencia como consejero filosófico, diría que el diálogo es de suma importancia para facilitar la curación del malestar, tanto en la vida personal como en la profesional. Todo consejero reputado sabe que la clave para curar a sus clientes consiste en establecer con ellos una alianza terapéutica, y esta se alcanza a través del diálogo.

IKEDA: Lo que usted describe es la creación de confianza y de cooperación mutuas entre el consejero y el paciente, de modo que ambos puedan trabajar juntos como iguales en el proceso de curación.

Esto también se aplica al campo de la educación. A menudo visito las escuelas que he fundado y converso con los estudiantes. En una ocasión, me senté a dialogar con un grupo de alumnos de los últimos años de la secundaria que estaban a punto de reprobar. Su incomodidad era visible, de modo que les sonreí abiertamente y les dije que no estaba allí para reprenderlos, sino para alentarlos. Después de una charla amistosa sobre su salud, sus actividades diarias y sus familias, los alenté a no dejarse abatir por las malas calificaciones. Les sugerí que trataran de encontrar una asignatura en la cual pudieran destacarse y mejorar dando lo mejor, dar un pequeño paso por vez y sin jamás rendirse. Me hizo muy feliz saber que mis consejos y mi interés por ellos fueron útiles y que todos pudieron mejorar su situación; estos jóvenes finalmente se graduaron con buenas notas y hoy son excelentes adultos. Algunos siguieron estudiando e incluso, en la actualidad, son profesores universitarios.

MARINOFF: Una historia muy interesante. A propósito de la terapia y la educación, esta relación de iguales es independiente tanto de la orientación profesional del consejero como del problema al que se enfrenta el cliente. Es el propio diálogo lo que cataliza el proceso de curación.

Aparte del diálogo de Platón *Teeteto*, relativamente pocas teorías filosóficas occidentales explican el efecto curativo del diálogo. No obstante, he visto una y otra vez el resultado que da en la práctica. Como bien sabe, mis libros están llenos de casos prácticos que ilustran profusamente esta cuestión.

También encontramos corroboraciones en casos prácticos del doctor Irvin Yalom, brillante pionero de la filosofía existencial. Explica que muchos de sus pacientes no se curan mediante un astuto psicoanálisis ni mediante una perspicaz interpretación de sus sueños, sino gracias a su empatía, su comprensión y el reconocimiento de su sufrimiento sin entrar en valoraciones morales. Por consiguiente, la esencia de la curación, sea filosófica o psicoanalítica, parece residir en un diálogo empático.

IKEDA: El diálogo es un instrumento esencial para el budismo. Por ejemplo, la práctica budista benevolente de eliminar el dolor e impartir alegría, que antes mencioné, se lleva a cabo mediante la interacción verbal.

En los momentos finales de su vida, Shakyamuni —que, junto con Sócrates, se cuenta entre los grandes maestros de la humanidad— instaba a sus seguidores afligidos a dialogar con él. Hasta el último instante, Shakyamuni invitó a sus discípulos a que le preguntaran todo lo que quisieran saber y conversaran libremente, como entre amigos.

Las bases del diálogo deben ser el respeto, la empatía y el amor sincero y bondadoso hacia los semejantes. La religión, al igual que el diálogo, no es una actividad solitaria, sino un ámbito para que los seres se cuiden y apoyen unos a otros, intercambiando experiencias y alentándose mutuamente.

MARINOFF: El diálogo desempeña una función curativa constante, tanto en las sesiones de asesoramiento como con grupos más numerosos.

En primer lugar, anima a las personas a expresarse pues les permite airear su descontento emocional y conceptualizar sus circunstancias.

En segundo lugar, da pie a nuevas interpretaciones y permite una reformulación constructiva de dicho descontento y de las circunstancias.

A modo de ejemplo, en una ocasión asesoré a una profesional de éxito que intentaba resolver un dilema concerniente a un cambio de carrera. Su incapacidad para tomar una decisión estaba precipitando una crisis emocional. Yo creía que en el fondo de su corazón ella sabía cuál era la manera correcta de proceder, sin embargo era incapaz de expresarlo para sí misma mediante un monólogo introspectivo. Nuestro diálogo le permitió contemplar un reflejo de su mente y su corazón, con lo cual vio claramente lo que tenía que hacer. Disipó las dudas y resolvió su dilema tomando una decisión con convencimiento y sin remordimientos.

En tercer lugar, el diálogo abre un espacio reflexivo y libera a las personas de las cargas emocionales y conceptuales que habitualmente soportan. Todas estas cosas conducen a la curación.

Algo que todo el mundo puede hacer

IKEDA: Estoy plenamente de acuerdo con lo que acaba de señalar sobre la curación mediante el diálogo. La mente humana, en determinados momentos, puede ser un torbellino de odio, codicia, insatisfacción, ignorancia, recelo, angustia e inseguridad. Para el budismo, estos estados mentales obstruyen el logro de la iluminación.

También poseemos estados mentales positivos, como el amor, la sabiduría, la confianza, la esperanza, la convicción y la autodisciplina. Se denomina *bodhi* —término que significa «sabiduría» o «iluminación»— a ese despertar espiritual que permite tomar contacto con los estados de conciencia positivos.

Tanto los aspectos negativos como los positivos se extienden desde los niveles superficiales a los más profundos de la mente. Y los más poderosos son los que, habiéndose inculcado en la infancia, con el tiempo se convierten en hábitos o mecanismos mentales.

El diálogo, al crear un espacio reflexivo como el que usted describe, es una oportunidad para hacer surgir las funciones mentales positivas de un individuo y abrirlas a los demás. También hace aflorar las tendencias mentales negativas y allí, a la luz del día, estas pueden ser objeto de un examen consciente. Este proceso permite a la gente percibir su situación con mayor objetividad e interpretar la causa raíz de su sufrimiento más constructivamente; el diálogo, entonces, empodera a las personas para resolver y eliminar el sufrimiento. Este diálogo humano es hoy más necesario que nunca antes en la historia. Y no solo en la medicina, sino también en el hogar, los lugares de trabajo y toda la comunidad.

En los cimientos del buen diálogo actúan las funciones mentales positivas que, compartidas, se fortalecen en ese espacio dialógico reflexivo. Por eso, en dicho ámbito emerge una fuerza unificadora y armonizadora caracterizada por la empatía, el respeto mutuo y el amor compasivo a los demás. Entiendo que este tipo de funciones son las que más necesita la sociedad actual.

MARINOFF: Su percepción es clara y profunda. Este también es el motivo por el que las sociedades modernas reaccionan con tanto entusiasmo ante el budismo y la filosofía práctica. La gente se siente demasiado mecanizada, institucionalizada, burocratizada, politizada y en última instancia deshumanizada. Nuestro trabajo contribuye a reavivar la humanidad, conectando de nuevo a las personas con sus recursos interiores y despertando su capacidad para gozar del bienestar y la alegría de vivir.

Quizá podamos extendernos más en la importancia del diálogo si tomamos en consideración que el lenguaje hablado utiliza ondas sonoras. La laringe humana es un generador acústico increíblemente sofisticado, y el oído humano es experto en distinguir matices y sutilezas en los sonidos. Los seres humanos somos una especie verdaderamente dotada, habiéndosenos concedido el don de la palabra; es decir, el control de la vibración acústica. Hemos refinado la energía acústica, dando lugar a manifestaciones culturales como la oratoria, la poesía, la música y el mantra.

IKEDA: Exactamente... La energía acústica es muy importante. Como enseña Nichiren: «Las palabras son lo que da expresión a las distinciones que genera la mente.»[3] Las voces y palabras son la reverberación de nuestras representaciones mentales: son una parte de nuestro mundo interno expresada al mundo exterior. Lo que la mente manifiesta de ese modo, una vez exteriorizado, incide en la mente de los demás y en la cultura circundante.

Cuando nacemos no somos plenamente humanos. Solo mediante la inmersión en el océano del lenguaje, en el océano del diálogo que constituye nuestra herencia cultural, adquirimos el conocimiento de nosotros mismos, de los semejantes, y accedemos a nuestra plena condición humana. En este sentido, puede pensarse que el diálogo es lo que nos vuelve humanos de verdad.

MARINOFF: El problema es que el poder de las palabras puede utilizarse para el bien y para el mal. Con frecuencia se abusa del lenguaje para demonizar, denigrar o infravalorar a los demás, conduciendo a la desunión. En cambio, el diálogo puede utilizar el don del lenguaje para armonizar, elevar y valorar a los demás, conduciendo a la unidad.

No todo el mundo es orador, músico o poeta, pero todas

las personas pueden entablar un diálogo, usando así el don del lenguaje para contribuir a unir a la humanidad. Un diálogo es como un baile con palabras. Cuando las personas bailan juntas, experimentan unidad.

«LA VOZ LLEVA A CABO LA TAREA...»

IKEDA: Es una comparación muy pertinente, porque el diálogo es una suerte de danza, de coro, de interpretación conjunta...

Mi amigo, el célebre músico de *jazz* Herbie Hancock, me contó que, en su juventud, tocó con el virtuoso Miles Davis. Un día, se equivocó ostensiblemente en una nota y no sabía cómo reparar el error. Pero Davis rescató esa nota y la incorporó a la melodía, y esa interpretación fue mucho más hermosa que de costumbre. Hancock recordaba ese momento con enorme gratitud por la lección que le había dado: los aparentes errores pueden ser las piezas con las cuales construir una vida mucho mejor.

El diálogo, en realidad, es la acción que emprende la voz. Con las voces elogiamos, alentamos, corregimos, curamos, alegramos e impartimos la energía de la esperanza y del valor. Es un intercambio dinámico de vida a vida, de mente a mente, y, huelga decirlo, siempre basado en la buena voluntad.

El budismo enseña que «la voz lleva a cabo la tarea del Buda».[4] Es decir, la voz hace que las personas despierten y activen su iluminación interior. Así de importante son las voces para el budismo. La fuerza que impregna la voz al expresar la verdad, imbuida de caudalosa vitalidad, es el Buda en acción, enfocado en brindar serenidad espiritual a las personas y en despertar su bravura.

La fuerza motivadora de todo diálogo debería ser el compromiso con el valor supremo de cada vida individual. En ese intercambio, estimulamos la disposición mental positiva del otro, fomentamos el entendimiento mutuo y creamos lazos de confianza.

La Soka Gakkai Internacional se basa en este tipo de dialógica. Así, apoyamos y expandimos los estados positivos y la buena voluntad de cada uno de nosotros, y tendemos una red de amistad y solidaridad orientada a mejorar el mundo en bien de todos.

MARINOFF: En vez de limitarse a abrazar ideales utópicos, la Soka Gakkai Internacional está comprometida con la construcción de un mundo mejor a través del diálogo.

Hace poco conocí y conversé con varios jóvenes líderes en el Centro Cultural de Nueva York de la SGIUSA. Fue un privilegio toparse con un grupo de jóvenes tan talentosos, instruidos y motivados. Irradiaban no solo bondad y solidaridad, sino también un optimismo ilimitado, cosa que solo puede inspirar y alentar a quienes se relacionan con ellos. La visión y el ejemplo que usted ha dado han engendrado una generación de *bodhisattvas* cuyas voces armoniosas crean incalculable valor para quienes más lo necesitan.

La misión de la Soka Gakkai Internacional es de vital importancia en una época en que la humanidad se ve expuesta a las voces incendiarias de quienes buscan el poder sirviéndose de la máxima romana *Divida et Impera* [Divide y vencerás]. No debemos olvidar que es posible abusar del poder de las palabras para fomentar conflictos en vez de curar al mundo.

IKEDA: Quisiera agradecerle la comprensión de nuestro movimiento que usted siempre pone de manifiesto. Nuestros jóvenes miembros de Norteamérica estarán encantados de leer sus impresiones.

Como usted bien señala, la sociedad moderna está plagada de voces que buscan manipular y dividir a la población, y para ello se valen de mentiras, calumnias, exageraciones e insultos. En los escritos de Nichiren, leemos que «los malos amigos se valdrán de palabras seductoras, engaños y adulación; hablarán con astucia para controlar la mente de las personas ignorantes y mal informadas, y de esa manera destruirán la inclinación al bien que pueda haber en ellas».⁵ Estas voces son, sin duda, una de las principales causas de los males que aquejan la sociedad de hoy.

Necesitamos adoptar una postura resuelta y, con la fuerza de las voces que expresan la verdad, erradicar esas formas de discurso malicioso y dañino cuyo propósito específico es engañar a la gente y envenenar su mente. En muchos sentidos, la lucha que ha venido librando la Soka Gakkai a lo largo de los años es una batalla contra este tipo de falsedad y distorsión, especialmente en los medios de comunicación japoneses, que destruyen y debilitan al pueblo.

Décadas atrás, el eximio educador Inazo Nitobe señaló que en el Japón se abusaba del derecho a la expresión mucho más que en cualquier otro país. Nitobe fue subsecretario general de la Liga de las Naciones y trabajó para tender puentes de amistad entre el Japón y los Estados Unidos, dos países unidos por el océano Pacífico. También cultivó una sincera amistad con Makiguchi, y escribió el prefacio de su monumental obra *Sistema pedagógico de la creación de valores*, que este último publicó en 1930.

Ya en su época, Nitobe criticaba con aspereza la proliferación de contenidos irresponsables en los medios de comunicación japoneses, que enriquecían arruinando la vida y la reputación de personas correctas e inocentes. También denunciaba la complicidad del público, que consentía y hasta alentaba tales difamaciones, considerándolas una especie de entretenimiento deportivo.⁶ Su advertencia, ochenta años después, sigue siendo hoy tan válida como entonces. Es menester divulgar las voces que proclaman la verdad, la justicia y la esperanza, las voces que conectan y enriquecen la mentalidad de la población. Es la única manera de construir una sociedad más sana...

MARINOFF: En efecto, muchos medios de comunicación actuales son más poderosos, corruptos y descontrolados que los de la época de Nitobe. Despiertan un insaciable apetito de sensacionalismo y escándalo. Distorsionan los hechos e inflaman y engañan a las masas sin ningún escrúpulo. Hacen gala de una suprema arrogancia al erigirse en jueces, jurados y verdugos de las personas a quienes deciden destrozar.

En la antigua Atenas, Sócrates observó que la opinión pública vacilaba como el viento, sobre todo cuando las personas, por una razón u otra, no lograban calibrar su brújula moral. Y después de que las masas se volvieran contra el propio Sócrates, conduciendo a su ejecución, Platón escribió que el estado debía censurar los incendiarios medios de comunicación de su época (la oratoria, la poesía y el teatro) por el bien de las personas. Siglos después, en el Nuevo Mundo, Thomas Jefferson también estaba tan consternado con los periódicos de su tiempo que se negaba a conceder entrevistas, sabiendo que sus palabras serían tergiversadas. Esto nos pone en un serio aprieto, pues tenemos que encontrar un Camino Medio entre la propaganda política o ideológica controlada por el Estado y los flagrantes abusos de la libertad de expresión.

Nitobe fue un hombre asombroso, un cuáquero japonés con cinco doctorados. Sus conocimientos sobre el cristianismo, el *bushido* —o camino del samurái— y el autodidactismo eran profundos y perdurables. No me sorprende que fuera tan amigo de Makiguchi.

Tal como hemos aprendido de Nitobe y Makiguchi, así como de filósofos más antiguos, siempre debemos estar en guardia contra las diatribas falsas e hirientes que lanzan los demagogos y agitadores, cuyo propósito es imponer su verdad en lugar de librar a la gente de la falsedad.

Décima conversación

El diálogo orientado a la paz y el humanismo

IKEDA: Las Naciones Unidas propusieron que el 2009 —cuarto centenario de las observaciones astronómicas de Galileo Galilei— fuese el «Año internacional de la Astronomía». El ser humano siempre va en busca de fronteras desconocidas, ya sea que alce la vista y contemple el firmamento o que vuelva la mirada al interior y observe las profundidades de su propio ser. La filosofía es la exploración de esas fronteras...

MARINOFF: Sí, así es, nuestras fronteras internas y externas por igual. Da la casualidad que en Florencia visité la casa donde nació Galileo en 1564. ¡Qué inspiración! Está en lo alto de una colina con amplias vistas al pueblo de abajo y al cielo de arriba.

En las noches frías y claras de invierno, las titilantes estrellas son como innumerables joyas esparcidas por todo el universo. Aun viviendo en ciudades ruidosas, las personas gustan de conversar con las estrellas del cielo nocturno.

IKEDA: En el hemisferio norte, la constelación de Orión (el Cazador) se aprecia con especial luminosidad en las noches de invierno, extendida de este a oeste. Orión —a veces llamada la «reina de las constelaciones»— aparece en muchos mitos y obras literarias de la Antigüedad, y se la asocia a sentimientos de misterio poético y de aventura.

La nebulosa de Orión —también conocida como Messier 42— es una notoria zona del espacio sideral donde se registra una activa formación de estrellas. Ciertos estudios recientes han revelado que allí existe un protosistema planetario semejante al de nuestro sistema solar. Uno siente que el nacimiento y la muerte de los astros son una saga de proporciones cósmicas...

MARINOFF: Orión ha gozado de un prolongado estatus especial por haber mantenido su actual forma durante un millón y medio de años aproximadamente, abarcando la era de los primeros homínidos y de los seres humanos en la tierra. El Cinturón de Orión se usa para ubicar otras dos importantes estrellas, Sirio y Aldebarán.

El cosmos es un reino místico. Walt Whitman dice: «Al observar las relucientes estrellas brillar, pienso en la clave del universo y el futuro.»[1] Por más efímeros y minúsculos que seamos los seres humanos, podemos contemplar la inmensidad del espacio y sentirnos en casa entre su miríada de estrellas.

IKEDA: En la poesía de Whitman resuena la gran epopeya del cosmos. Hay un profundo ritmo que palpita a través del pasado, presente y futuro, y que gobierna el movimiento de los cuerpos celestes. Estoy seguro de que Whitman, con su sensibilidad de poeta, supo percibir esta prodigiosa energía. En sus textos se advierte una mística resonancia entre el cosmos inmenso y el universo interior de la vida humana.

MARINOFF: Se ha enviado una nave espacial más allá del sistema solar, hacia la inmensidad del espacio galáctico, cargada de artefactos que representan el culmen de la cultura humana. Se espera que algún día una civilización inteligente alienígena descubra y descifre este cósmico «mensaje en una botella». Uno de los artefactos es una grabación de música de J. S. Bach interpretada por el pianista Glenn Gould.[2]

En una conferencia que di en el Centro Cultural de Nueva

York de la SGIUSA, mencioné esta nave espacial y sugerí que deberíamos enviar el *Sutra del loto* al espacio exterior. Como humanos que somos, debemos propagar nuestras obras más nobles por toda la galaxia, en lugar de desperdiciar nuestra energía vital en fútiles conflictos aquí en la tierra.

IKEDA: Qué propuesta más inspirada... A decir verdad, los estudiantes de la Universidad Soka del Japón diseñaron y construyeron en 2010 un microsatélite llamado *Negai* [Deseo], que se acopló a una nave espacial con la misión de explorar la atmósfera de Venus. El lanzamiento se llevó a cabo sin tropiezos el 21 de mayo de 2010, y el satélite, ya en su órbita, dio unas quinientas vueltas completas alrededor de la Tierra, llevando a término su misión de forma satisfactoria. El *Negai* transportaba a bordo grabaciones con los sueños y deseos de un gran número de niños. Me parece fantástico que la joven generación tenga tanto entusiasmo por el espacio y el universo.

Desde el punto de vista cósmico, la Tierra es solo un pequeño planeta, y los conflictos y guerras del género humano resultan francamente triviales e insignificantes. Nada es tan importante como la paz. Este debería ser nuestro primer objetivo común.

He visto que los astrónomos y astronautas con quienes tuve oportunidad de dialogar se inclinaban por esta misma idea. Por ejemplo, el ex cosmonauta ruso Aleksandr Serebrov se asombraba de que la humanidad siguiera peleando por diminutos territorios de este pequeño planeta, en una era en la cual ya éramos capaces de viajar al espacio.

MARINOFF: La paz debe ser el deseo más preciado de todas las personas. En nuestra conversación anterior comentamos la importancia del diálogo para la curación. Ahora consideremos la relevancia del diálogo que, trascendiendo diferencias culturales y religiosas, crea valores de paz.

Como contertulio de renombre, usted ha entablado diálogos con muchos líderes mundiales, premios Nobel y otros pensadores prominentes.³ ¿Cómo se las ha arreglado para llevar a cabo tantas cosas con tantas personas, en tantísimos lugares, en un tiempo tan relativamente corto? ¿Cómo comenzó esta actividad?

«PORQUE ALLÍ HAY PERSONAS»

IKEDA: Entablé mi primera conversación con un pensador internacionalmente reconocido en octubre de 1967, a los treinta y nueve años, con ocasión de un encuentro con el conde Richard Coudenhove-Kalergi.⁴ Seguimos viéndonos y conversando, y en 1972 publicamos un libro con el fruto de ese intercambio. El volumen se tituló [en japonés] *Bunmei nishi to higashi* [Civilización, Oriente y Occidente]. En mayo de ese mismo año, comenzó mi diálogo con Arnold J. Toynbee.

MARINOFF: ¿Mantuvieron el diálogo en la casa de Toynbee en Londres?

IKEDA: Así es. El 5 de mayo de 1972 por la mañana llegué a un edificio con frente de ladrillos rojos y tomé el ascensor hasta la quinta planta, donde estaba su apartamento. El historiador y su esposa Verónica estaban esperándome en la puerta con los brazos abiertos... Lo recuerdo perfectamente...

En el otoño de 1969, yo había recibido una carta del doctor Toynbee con una cordial invitación a dialogar con él. Y habida cuenta de su edad avanzada, me trasladé hasta la ciudad donde él vivía. En total, discurrimos durante cuarenta horas, en 1972 y 1973. La última sesión de diálogo tuvo lugar en mayo de dicho año. Yo tenía cuarenta y cinco años, y Toynbee, ochenta y cuatro.

Y, como quien transmite un deseo testamentario a alguien de la joven generación, me pidió que siguiera entablando diálogos enfocados en unir a la humanidad. Al poco tiempo, recibí una carta manuscrita del historiador en la cual me recomendaba como posibles interlocutores al doctor Aurelio Peccei, fundador del Club de Roma, y al microbiólogo René Dubos, quien en ese momento trabajaba en la Universidad Rockefeller. Además, pidió que junto con la carta me fuese transmitido un mensaje verbal que decía: «Estas personas que menciono son mis amigos. Imagino cuán ocupado estará, pero le aseguro que dialogar con ambos valdrá ampliamente la pena.» Yo tomé muy en serio su deseo y, tal como él me pidió, me esforcé en la vía del diálogo para unir a la humanidad.

MARINOFF: Usted ha mantenido una actitud de concienzuda sinceridad e incluso ha participado en diálogos con líderes e intelectuales de naciones socialistas, como China y la antigua Unión Soviética. ¿Cómo podemos convencer a interlocutores no dialogantes —personas o pueblos entre quienes se ha roto la comunicación y han surgido conflictos— para iniciar o retomar el diálogo?

IKEDA: Veamos... Creo que para llegar a ello hay que partir de encuentros interpersonales. Yo empecé esta práctica del diálogo en plena guerra fría, cuando las tensiones entre la China y la Unión Soviética se hallaban en su punto culminante. Pero, a mi propio modo, conseguí abrir rutas de diálogo con ambas naciones, fiel al camino que Toynbee tanto proponía. Fui muy criticado, tanto en mi propio país como en el extranjero. Nadie entendía qué tenía que hacer un líder budista en países cuyas ideologías eran contrarias a la religión. Pero, a quienes fueron a despedirme al aeropuerto en aquel primer viaje, les dije: «Voy porque allí hay personas.»

Hace cien años, no existía ningún «país socialista». Los seres humanos creamos sistemas sociales e ideologías que cambian constantemente. Yo sabía que los pueblos de la China y la Unión Soviética ansiaban la paz al igual que nosotros y que cualquier otra persona del mundo. Estaba seguro de que podríamos entendernos, si manteníamos un diálogo abierto basado en la conciencia de pertenecer a una misma humanidad. Sentía que, sobre esas premisas, el camino de la amistad se abriría sin falta. Esa ha sido siempre la convicción primordial de mi «diplomacia personal».

Nichiren enseña que «cuando uno mira a un espejo y se inclina en reverencia, la imagen reflejada también lo reverencia a uno».[5] Si reconocemos cabalmente la existencia de los demás y los tratamos con respeto, los otros se sentirán inclinados a responder de la misma manera. El camino del diálogo se abre cuando uno se atreve a dar el primer paso.

Una vez, mientras caminaba por la calle en China, me puse a dialogar con una niña encantadora. Me preguntó qué había ido a hacer a su país, y yo le respondí: «Vine a verte a ti.» Y lo dije sinceramente. La vía de la amistad se allana dando valor a estos pequeños encuentros humanos.

MARINOFF: Su «diplomacia personal» ha contribuido notablemente a disolver barreras de ideología xenófoba que dividen a la humanidad, impidiéndole abrir los ojos. Además, usted ha dado un ejemplo convincente al ejercer dicha diplomacia no solo a través de fronteras nacionales sino también a través del telón de Acero y del de Bambú.

IKEDA: Me temo que usted sobreestima mi modesta contribución. De todas formas, al comunicarnos reafirmamos la humanidad que tenemos en común, mientras que el rechazo al diálogo no aporta nada valioso. Como usted plantea, la conversación franca, de vida a vida, puede superar la xenofobia.

En nuestro primer viaje a la China, en un banquete de bienvenida, nuestros anfitriones quisieron saber qué pensaba mi esposa. Ella, con bastante sinceridad, respondió:

—En el Japón siempre escuché decir que había que temer al comunismo. Por esa razón, yo llegué a pensar que la China era un país temible...

Con cierta tensión, todos esperaron que terminara de responder.

—Pero después de dialogar con ustedes —prosiguió—, vi

claramente que la China es un país cordial, de rebosante amor y humanismo.[6]

Sus palabras fueron acogidas con aplausos, y a partir de ese momento la conversación transcurrió en una atmósfera abierta y sincera de parte de unos y otros.

MARINOFF: Gandhi y King demostraron el poder de la no violencia y del diálogo franco en sus respectivas naciones; usted lo ha demostrado a escala transnacional, entre un sinfín de naciones.

La metáfora budista que ha mencionado sobre la reverencia ante el espejo es reveladora. Mientras que la práctica de la postración favorece el progreso espiritual de los adeptos en muchas religiones, incluido el budismo, esto nos recuerda que la reverencia también sirve al propósito global de unir a la humanidad. ¿Cuántas vías de diálogo ha abierto por medio de su respetuoso enfoque y la reciprocidad que genera?

La relación de maestro y discípulo

IKEDA: El encuentro con personas de grandeza y las lecciones invalorables que uno obtiene de su experiencia y su sabiduría, en cierto sentido, son más provechosas que leer montañas de libros. En cada diálogo me esfuerzo por aprender al máximo, brindándome por entero a una comunicación libre y abierta.

En la depresión económica que vivió el Japón en los años de posguerra, la empresa de mi maestro entró en un período de grave crisis. Quienes decían ser amigos y aliados de Toda lo abandonaron, uno tras otro. Y, sin embargo, yo me quedé a su lado y lo apoyé sin escatimar esfuerzos. Incluso postergué mi sueño de asistir a la universidad.

Como antes dije [en la «Tercera conversación»], mi maestro me instruyó personalmente en las más diversas asignaturas, para que, el día de mañana, yo estuviese en condiciones de dialogar dignamente con cualquier líder o académico de la sociedad. En cada oportunidad, insistía en «la importancia de la sinceridad, la honradez y la coherencia con los propios principios». Cada vez que tengo ocasión de conversar con un pensador o un líder del mundo, siento como si él estuviera a mi lado, observando el intercambio, y me enfoco en actuar con la postura que él me enseñó. Hoy en día, mi mayor satisfacción deriva de construir una amplia red de amistades nobles y valiosas —tanto en el Japón como en el mundo—, para poder legársela a la próxima generación.

MARINOFF: Los diálogos que ha publicado son una copiosa fuente de educación e inspiración para lectores de todo el mundo. Y su lealtad a Toda recuerda la devoción de Platón por su mentor, Sócrates.

La filosofía pasó tiempos difíciles en la antigua Atenas después de la devastación de la Guerra del Peloponeso y de la ejecución de Sócrates. Sin embargo, los diálogos de Platón inmortalizaron la indagación socrática, y Platón terminó por fundar la Academia, un modelo de educación superior para los dirigentes de las generaciones venideras.

IKEDA: Es una analogía histórica que viene perfectamente a cuento. La Academia de Platón es, por un lado, el arquetipo de la educación humanística; por el otro, un paradigma con el cual evaluar cualquier práctica educativa. Sin educación, sería imposible transmitir a la posteridad o difundir al mundo incluso la mejor filosofía o el más valioso tesoro intelectual. Si la filosofía de Sócrates —el mentor— hoy puede brillar en los anales de la historia es gracias a la lucha que hizo Platón, su sucesor. Juntos, ejemplifican la victoria de la relación de maestro y discípulo.

MARINOFF: De manera semejante, usted fundó la Universidad Soka de los Estados Unidos, la Universidad Soka del Japón y las escuelas Soka. Tanto usted como Platón desempeñaron la noble tarea de fundar universidades. Aparte de esto, usted convirtió la Soka Gakkai Internacional en una organización humanista y religiosa que se ha extendido rápidamente por todo el mundo. Aunque los movimientos religiosos más globales requirieron siglos de evolución, usted elevó el número de miembros de la Soka Gakkai Internacional a niveles comparables —millones de personas con un compromiso social— en apenas unas décadas.

IKEDA: La Soka Gakkai todavía es una organización muy joven: acaba de celebrar su octogésimo aniversario en 2010. Creo que nuestro movimiento de paz, cultura y educación, filosóficamente inspirado en el budismo, contribuirá muchísimo más aún a la humanidad en los años futuros. La Soka Gakkai Internacional es una organización que une a las personas mediante el diálogo; seguirá tendiendo puentes entre los pueblos y ofreciendo espacios de convergencia entre individuos, culturas y países, siempre a través del encuentro de vida a vida.

Precisamente por esta dedicación al diálogo inspirador, nuestra red por la paz hoy está activa en 192 países y territorios. Espero, mediante estas conversaciones con usted y con otros pensadores contemporáneos, ayudar a construir un futuro más brillante, iluminado por una filosofía que exalte los valores de la paz, la felicidad, la revolución humana, la victoria de la juventud y el respeto a la dignidad de la vida.

La convicción budista en el diálogo

MARINOFF: Nichiren sentó las bases del particular diálogo que practican los miembros de la Soka Gakkai Internacional en la actualidad.

IKEDA: Nichiren fue un valeroso practicante del diálogo toda su vida. Es más, muchas de sus obras están redactadas precisamente en forma de conversación. Quizá la más notable de estas últimas sea *Sobre el establecimiento de la enseñanza correc-*

ta para asegurar la paz en la tierra,[7] escrita como un proceso dialógico entre un visitante y el anfitrión que lo recibe. Según la interpretación establecida de este texto primordial, el huésped representa la autoridad política suprema de la época, y el anfitrión, a Nichiren.

En aquel momento de la historia, el Japón padecía una seguidilla de terremotos e irregularidades climáticas. El huésped se lamenta de las catástrofes naturales y de sus gravosas consecuencias: hambrunas, epidemias y una atmósfera social de miedo e inseguridad en todos los niveles de la población. Asimismo, deplora la confusión filosófica y religiosa que parece afectar al país.

El anfitrión se muestra de acuerdo con la visión de su invitado y propone que se sienten a discurrir diciendo: «¡Conversemos extensamente sobre esta cuestión!»[8] Esto da lugar a un diálogo comprometido, en que el primero observa con aflicción la angustia de la gente y expone de manera fundamentada los pasos que deberían seguir los gobernantes, a la hora de establecer la felicidad de la población, y la paz y la seguridad colectivas. A su vez, esta exhortación viene acompañada de una advertencia a las autoridades por el rumbo contrario que estaban adoptando. El eje central de este tratado, *Sobre el establecimiento de la enseñanza correcta para asegurar la paz en la tierra*, es el diálogo orientado a la felicidad del pueblo y a la paz social.

MARINOFF: Ya veo... Las escrituras budistas incluyen muchas obras en forma de diálogo.

IKEDA: En efecto. Ya que lo menciona, podría citar como ejemplo *Las preguntas del rey Milinda*, diálogo entre el sabio budista Nagasena y el rey Milinda (también conocido como Menandro), un filósofo-estadista griego que, a mediados del siglo II a. C., gobernó la región noroeste de la India. Al principio de la obra, Milinda expresa a Nagasena su deseo de dialogar con él.

—Reverendo señor, ¿volverás a discurrir conmigo? —pregunta Milinda.

—Lo haré, si Su Majestad está dispuesto a conversar con la actitud de un sabio (*pandit*). Pero si se propone dialogar con la actitud de un rey, en tal caso declino.[9]

Ningún diálogo puede ser fructífero cuando alguna de las partes lo inicia con postura arrogante. La respuesta de Nagasena indica que no puede haber conversación genuina cuando los términos del intercambio están coartados por el poder o la autoridad. A la inversa, el diálogo verdadero se produce solo cuando ambos interlocutores participan en pie de igualdad y su serio afán es la búsqueda de la verdad.

MARINOFF: Su observación es de vital importancia. La literatura del norte de la India y del Tíbet —la hindú y la budista por igual— está repleta de tales recordatorios. Desde el Ramayana hasta la ficción budista del siglo XVII (por ejemplo, *La historia del Príncipe Incomparable*), las palabras arrogantes o cobardes maduran para convertirse en amargos frutos kármicos, trayendo triste ruina y doloroso despertar a quienes las pronuncian.

En cambio, las palabras que emanan de mentes sabias arrojan luz sobre la verdad y la realidad, dando frutos kármicos deliciosos no solo a quienes hablan, sino también a quienes escuchan. Las mentes que juzgan a los demás sobre la base de la posición social o que están obsesionadas con las diferencias entre los dialogantes no pueden comunicarse con el corazón en la mano.

IKEDA: En el diálogo genuino, ambos participantes deben estar dispuestos a trascender sus diferencias y a relacionarse entre sí en un marco de respeto mutuo. Esto es válido cualquiera sea nuestro interlocutor, incluso ante un jefe de Estado. Para llegar a buen puerto, el diálogo debe plantearse como un intercambio entre iguales, basado en reconocer como factor común la pertenencia al género humano.

El *Sutra del loto* ofrece un modelo dialógico representado por el *bodhisattva* Jamás Despreciar, a quien ya me he referido anteriormente (en la «Novena conversación»). Como su nombre indica, este *bodhisattva* no menosprecia a ningún semejante. Sabe que la naturaleza de Buda —el estado más noble y supremo— existe como potencial en todos los seres, y por eso une las palmas de las manos en reverente saludo cada vez que se encuentra con alguien. Esta actitud provoca respuestas antagónicas, como el rechazo, el insulto o la persecución. Sin embargo, nada hace flaquear sus principios no violentos; Jamás Despreciar es consecuente con su práctica de respeto a los semejantes.

MARINOFF: La práctica del *bodhisattva* Jamás Despreciar, de la que tanto podemos aprender, sin duda simboliza el espíritu del diálogo budista. Para despertar felicidad en los demás, debemos fomentar sus mejores cualidades. El desdén tiene el efecto inverso; desmoraliza a los demás e insiste en sus peores cualidades. Además, cualquiera que trabaje por la felicidad de los demás debe soportar con ecuanimidad la oposición con que a veces se topará. ¿No es Nichiren un ejemplo excelente?

IKEDA: Aun enfrentado a persecuciones constantes y a dos destierros, Nichiren jamás claudicó en su lucha por poner la sabiduría del budismo a disposición de todo el pueblo, consciente de que el propósito de dicha filosofía era la felicidad de las personas. El diálogo budista siempre adopta como punto de partida la felicidad del pueblo y de cada individuo. Es una práctica que hace brillar y culminar el infinito potencial del ser humano.

El fundamento del diálogo que promueven y practican a diario los miembros de la Soka Gakkai Internacional es la oración en armonía con la ley universal que subyace a la vida, o Ley Mística. En esta oración palpita una determinación rotunda, el juramento o compromiso de romper las cadenas del karma personal y de abrir el camino a la felicidad en la vida propia y ajena.

En tal sentido, el budismo Nichiren nos enseña cómo mantener esta transformación vital que nace del compromiso consciente. Es una filosofía de acción. Así es nuestra práctica del diálogo para hacer nuestra revolución humana.

Quiero trabajar junto a usted, doctor Marinoff, para que en el horizonte del siglo XXI asome el brillante sol del humanismo y para disipar los oscuros nubarrones que hoy se ciernen sobre nuestro mundo.

Undécima conversación

Preguntas antiguas, sabiduría eterna

IKEDA: Todos los años, entre marzo y abril —la época en que se gradúa una promoción y se incorpora una nueva camada de estudiantes—, el campus de la Universidad Soka en Hachioji, Tokio, se llena de fragantes flores de cerezo, forsythias y espíreas. También era primavera cuando, en 2007, usted visitó nuestra universidad. Confío en que podamos volver a recibirlo en el futuro, y que, entonces, deleite nuevamente a nuestros estudiantes con una de sus conferencias. Estoy seguro de que les resultará una experiencia muy provechosa.

MARINOFF: Muchas gracias. Cuando estuve en el campus de la Universidad Soka para la ceremonia de graduación de marzo de 2007, lógicamente me impresionó mucho la belleza del marco natural, pero también me llamaron la atención las abundantes y hermosas estatuas de personajes del pasado como Victor Hugo, Walt Whitman, Leonardo da Vinci y Marie Curie. Estaré encantado de ofrecer una conferencia a sus estudiantes en un entorno tan inspirador.

IKEDA: En el predio de la Universidad Soka de los Estados Unidos, hemos erigido una estatua de Gandhi y un busto de Linus Pauling. Estos monumentos representan a grandes hombres y mujeres que han hecho contribuciones inmortales a la humanidad; personas que, en sus respectivos campos —se trate de literatura, artes, ciencias o activismo social— han encarnado una coherente filosofía sobre la vida, la paz y la conducta humana.

Es importante el conocimiento especializado, pero este debe cimentarse en una filosofía firme que nutra una visión profunda sobre el significado de la existencia humana. Poseer claros principios filosóficos es como tener un faro que, en el largo periplo de la vida, nos permite navegar por los mares oscuros, o una brújula que marca el rumbo seguro sorteando las turbulencias de una sociedad en rápido proceso de transformación.

MARINOFF: Los tiempos cambian y con ellos también se modifican los objetivos de la búsqueda humana. Cuando la gente se cansa de modas pasajeras y entretenimientos, anhela algo más. A mi juicio, lo mejor es buscar una filosofía nada ostentosa que contemple la vida tal como es realmente. En todas partes y en todas las épocas, la filosofía comienza por cuestionar las cosas. En lugar de indicar en qué creer, lo que hace es suscitar la duda y provocar el sano escepticismo. La indagación filosófica se propone descubrir la verdad, no regirla.

IKEDA: Estoy de acuerdo. Lo importante, aun siendo reiterativos, es la capacidad de preguntarnos. Los grandes interrogantes dan lugar a una gran sabiduría. Esta indagación trasciende el tiempo y el espacio.

En épocas de confusión y de incertidumbre con respecto al futuro, las personas buscan la sabiduría del pasado con esperanza de hallar salida a sus diversos aprietos. Tanto en Oriente como en Occidente, ha habido numerosos resurgimientos e intentos de replantear la sabiduría del pensamiento clásico. Por ejemplo, el Renacimiento europeo, que exaltó los valores de las artes y la filosofía grecorromanas. En los últimos años, también en la China se ha observado una reevaluación positiva de la filosofía tradicional. Por ejemplo, hacia fines de los años 80, el confucianismo volvió a cobrar auge como objeto de estudio.

En este contexto, considero que el éxito mundial que han tenido sus libros sobre filosofía práctica testimonia la activa demanda de una filosofía de vida en la población general. ¿Por qué hemos nacido? ¿Para qué existe el mundo? ¿Quiénes somos? Parecerán preguntas ingenuas, pero lo cierto es que no tienen respuestas sencillas. Precisamente por eso, estos interrogantes son tan significativos y trascienden las épocas. Entiendo que la vigencia eterna de estas preguntas habla del afán incansable de la humanidad por superarse y mejorar.

MARINOFF: Y más nos vale ser incansables. Cada nueva generación de científicos puede añadir nuevas capas al edificio de la ciencia, construyendo encima de lo que se ha erigido anteriormente, pero cada ser humano comienza su viaje en sus mismísimos cimientos. Por consiguiente, es sumamente importante que nos embebamos de las enseñanzas de los sabios del pasado.

Debería ser deber de todo gobierno inculcar virtudes a los ciudadanos, comenzando en el nacimiento, de modo que alcancen una plena estatura moral como adultos y a su vez sirvan de ejemplo a sus hijos. La tarea de la superación personal nunca termina y debe renovarse sin cesar, no solo en cada generación sino también en cada momento de nuestra vida. Debemos transmitir la sabiduría inmortal a través del tiempo, del pasado al futuro.

LA CONTRIBUCIÓN DE LA EDUCACIÓN A LOS SISTEMAS RELIGIOSOS

IKEDA: Nuestra misión y nuestro deber como seres humanos es transmitir una valiosa herencia de conocimientos y sabiduría a la próxima generación. El emperador y filósofo romano Marco Aurelio escribió en el siglo II:

> La existencia del hombre es minúscula; su ser es un mero fluir; sus percepciones, confusas y opacas; su organismo físico, corruptible; su alma, un torbellino; su destino, insondable, y su fama, incierta. [...] En tal caso, ¿qué puede guiarnos? Tan solo la filosofía.[1]

Cuando una gota de agua se incorpora a un gran río, adquiere vida eterna; cuando entramos en el grandioso cauce del espíritu humano que es la filosofía, también experimentamos en cierta manera la eternidad. El filósofo romano Séneca observa: «Solo están vivos de verdad los hombres que dedican tiempo a la filosofía.»[2]

El budismo también participa de esta idea. Una vida sin convicciones, sin filosofía ni principios, es una existencia que no tiene bases. Pero ¿es posible construir algo de valor sin cimientos que lo sustenten?

Cuando se inauguró la Universidad Soka del Japón [en 1971], doné a la institución dos estatuas de bronce, obras maestras decimonónicas del escultor francés Alexandre Falguière. En el pedestal de una de ellas, que representa a un ángel y un impresor, hice inscribir estas palabras: «¿Con qué propósito debemos cultivar la sabiduría? ¡Que esta sea nuestra pregunta constante!» En el pedestal de la segunda estatua, donde se ve a un ángel y a un herrero, hice grabar: «Solo el trabajo y el cumplimiento de la propia misión dan valor a la vida.» Estas palabras expresan, por un lado, mi perspectiva sobre la misión y la responsabilidad de los jóvenes comprometidos con el reto de aprender; por el otro, mi fe en su infinito potencial.

MARINOFF: Las grandes obras de arte, como esas con que usted ha adornado los campus de la Universidad Soka tanto en el Japón como en los Estados Unidos, son un símbolo de la vida empapado de la inspiración del artista y, a menudo, de la visión de su mecenas. Para los filósofos célebres de la antigüedad, la propia vida era una forma de arte y la filosofía, una guía para el arte de vivir. Es muy sagaz por su parte que cite a los estoicos romanos. Ellos redescubrieron con agudeza muchos conocimientos que antes habían comprendido y enseñado los sabios budistas.

No podemos crear valor por casualidad: el esfuerzo diligente y la dedicación pródiga son ingredientes necesarios para cualquier empresa ingeniosa, incluida la vida. No obstante, el poder interior del budismo transforma la mente de los devotos, de modo que la tarea de crear valor nunca es excesiva sino siempre dichosa. La investigación filosófica es nuestra guía de crecimiento. Todas las filosofías clásicas se percataron de esto. Por eso, regresar a ellas es esencial para el progreso humano.

IKEDA: Como hemos planteado, muchos problemas de la sociedad moderna remiten a un deterioro del humanismo y a la falta de criterios éticos claros. Nichiren, a la hora de exponer su visión de la historia, se refiere a una era en que disminuye «la sabiduría orientada al bien» y en el corazón de la gente crece la «sabiduría inclinada al mal».[3] Así es la época en la que aún estamos viviendo.

Cuando el ser humano emplea su intelecto para el mal, siempre se genera infelicidad. ¿Cómo abordar esta deshumanización? Pese a los frecuentes alegatos a favor de restaurar los valores y fortalecer los lazos interpersonales, el ser humano parece incapaz de resistir el influjo de la época, y lo que tiende a prevalecer en la gente es el sentimiento de zozobra ante la realidad.

MARINOFF: Vivimos en una época en la que, pese a sus maravillas, la deshumanización todo lo invade. Una de sus causas es la institucionalización de los dogmas religiosos y de la corrupción de las autoridades eclesiásticas, precisamente quienes deberían llevar una vida ejemplar que sirviera de modelo a seguir.

Otra es la rápida secularización del mundo y el alejamiento de la gente de la religión a que en condiciones normales recurrirían. Deificando equivocadamente las computadoras y la tecnología, que no ofrecen una guía moral, pierden la noción del bien y el mal.

IKEDA: Es una observación muy aguda. La religión debería guiarnos hacia niveles más profundos de sabiduría, fortaleza y bondad. Sin embargo, el dogmatismo religioso tiende a esclavizar al hombre y a minar su capacidad de juicio. Inadvertidamente, ciertas enseñanzas que, en principio, se postularon como un medio para la felicidad humana terminan cobrando vida propia y convirtiéndose en fines.

Creo que este peligro puede prevenirse si fortalecemos la sabiduría y las facultades intelectuales del ser humano. Por eso siempre insisto en que la religión debe avanzar de la mano de la educación. En nuestra época, cuando la línea entre el bien y el mal tiende a ser cada vez más borrosa, es importante prestar atención a las palabras de los sabios pensadores del pasado.

MARINOFF: Todo ser humano, así como toda cultura, encarna un potencial de grandeza y horror por igual. Al enfatizar incansablemente la grandeza del hombre tal como lo hace usted, muestra a las personas cuánto valora usted lo que es grande en ellas y en su cultura. Esto no solo enriquece directamente su vida, sino que, a su vez, también tiene el efecto de despertar sus capacidades para valorar la grandeza de otras personas y culturas.

No existe límite para el valor que puede crear tal relación con un mentor, sobre todo si sus beneficiarios reciben este tipo de educación moral desde muy temprana edad. De lo contrario, los jóvenes, de por sí impresionables, pueden ser presa de lo más horroroso: prejuicios engañosos y doctrinas corruptas que los deforman, inflaman y esclavizan. En cada generación, la sabiduría es el único antídoto contra la insensatez.

La sabiduría de los clásicos

IKEDA: Esto que señala merece destacarse. En los ensayos y discursos que escribo para los jóvenes, siempre procuro dar a conocer citas y reflexiones de grandes pensadores de todos los tiempos. Menciono a Confucio y su filosofía de vida; a Sócrates y su determinación de combatir la injusticia; a Tolstoy y su indagación sobre la naturaleza de la existencia... Los pensadores de quienes podemos aprender son prácticamente inagotables.

Una vez, Toda me dijo que «para llegar a ser un gran líder y acendrar la personalidad era indispensable leer las grandes obras de la literatura y, en especial, los clásicos». Era muy común que me interrogara sobre mi plan de lecturas, o me preguntara qué libro había terminado ese día. Cuando veía a algún joven leyendo pasquines o revistas banales, reaccionaba estrictamente: «¿Qué piensas lograr si pierdes el tiempo con semejante basura?»

Me gustaría saber cómo nació en usted la necesidad de aplicar la filosofía clásica a la vida contemporánea...

MARINOFF: Tal como he dicho antes [véase la «Primera conversación»], mis convicciones a este respecto se formaron inicialmente en Vancouver durante los primeros años noventa, cuando surgió una demanda de orientación filosófica en gran variedad de asuntos personales y profesionales. Esa demanda afloró en el etos de la educación, la asistencia sanitaria y los servicios sociales universales y relativamente integrales de Canadá. Aun así, la sabiduría práctica de la filosofía estaba ausente en la vida de las personas, y fueron ellas mismas quienes lo advirtieron.

En décadas posteriores, mis experiencias al ofrecer servicios filosóficos a personas y organizaciones de todo el mundo me han servido para reafirmar mi convencimiento de que las tradiciones de la sabiduría clásica desempeñan un papel esencial en la mejora del estado del hombre y en el enriquecimiento de la condición humana.

Por poner algunos ejemplos contemporáneos, mis colegas de la APPA y yo estamos trabajando para llevar la filosofía práctica a reclusos del sistema penitenciario estadounidense, a pacientes con lesiones de médula espinal en Suecia, a estudiantes licenciados de una universidad católica de Taiwán, a mujeres de la Argentina, a refugiados políticos de Corea del Norte, a niños de muchos países que padecen drogadicciones, a jóvenes pioneros en biotecnología y a líderes empresariales y funcionarios de Europa y Asia.

IKEDA: Indiscutiblemente, la sabiduría de los filósofos clásicos tiene mucho que enseñar y proponer en lo que respecta a vivir de una manera más plena. Es un faro resplandeciente de valores universales. Tomemos, por ejemplo, a Sócrates, que postuló la *areté* o «virtud»[4] como valor supremo; es decir, la excelencia o dar lo mejor de uno mismo.

Esto y su creencia en la inmortalidad del alma, que trasciende el término de nuestra existencia física, le permitió aceptar una condena injusta y beber valientemente la poción de cicuta. Creía que las malas acciones dejaban una marca en el alma. Esta idea se asemeja a la enseñanza budista de que nuestros actos o karma modelan nuestra vida a través del pasado, presente y futuro. Uno y otro enfoque reconocen la eternidad de la vida, que trasciende la existencia y la muerte en este mundo.

MARINOFF: Estos son buenos ejemplos de cómo los filósofos helénicos reinventaron sin querer muchos preceptos fundamentales del budismo. Las filosofías clásicas tanto orientales como occidentales se esfuerzan en articular verdades fundamentales sobre el hombre y su razón de ser en el cosmos.

Tal como usted dice, Sócrates sacrificó su vida por voluntad propia para que sus enseñanzas perdurasen en la posteridad. Su pupilo Platón enseñaba que la mente humana es lo bastante poderosa para adoptar formas eternas, por ejemplo, la inmutable naturaleza de la justicia. Igual que Sócrates, Confucio trató de transmitir virtudes imperecederas a las generaciones futuras. Igual que Platón, Laozi cobró conciencia de la existencia de una esfera más allá de la vida y la muerte, una esfera de la que surgen todas estas aparentes dualidades.

Usted sabe mejor que yo que el budismo ahonda en estos

temas más que cualquier otra filosofía que la humanidad conozca. En última instancia, no hay Oriente ni Occidente, hay una sola aldea global habitada por una humanidad unitaria.

IKEDA: Tanto en Oriente como en Occidente, las filosofías que reconocen la eternidad de la vida han ofrecido fundamentos éticos para la sociedad. En *La República*, Platón postula que el gobierno, idealmente, debe estar a cargo de personas sabias que han estudiado filosofía: los reyes filósofos. La idea de que los gobernantes deben ser seguidores de grandes filósofos también aparece en el pensamiento chino, que, por supuesto, incluye el confucianismo.

Resulta llamativo que, en un mismo período de la historia, hayan surgido grandes pensadores en distintas partes del mundo. Me refiero a que en la India, la China y Grecia, entre el 800 a. C. y el 200 a. C., se gestaron sistemas filosóficos muy avanzados. De hecho, a ese período se remontan los orígenes de la mayoría de las grandes filosofías y sistemas de pensamiento que existen en la época actual. Es justamente la franja de la historia que Karl Jaspers llamó «era axial».

MARINOFF: Sí, es asombroso. El psicólogo suizo Carl Jung propuso la idea de la sincronía para caracterizar fenómenos que surgen a la vez de manera significativa pero sin interconexiones causales. Para mí, la era axial representa el mayor salto adelante que jamás haya dado la conciencia humana. Lo único que la humanidad necesita saber para llevar una vida plena y crear continuidad para las generaciones posteriores fue revelado por los sabios de ese período.

Un tema primordial para los filósofos de las antiguas civilizaciones griega, india y china fue definir las virtudes que los seres humanos deberían practicar y los valores que deberían abrazar. A mi juicio, estas enseñanzas nacieron no tanto debido a la sincronía de Jung (que explica modelos después de que hayan surgido), sino porque el mundo las necesitaba en ese momento.

Usted conoce el proverbio: «Cuando el estudiante esté listo, aparecerá el profesor.» Del mismo modo, cuando las civilizaciones están listas, aparecen los sabios. Y cuando lo hacen, indefectiblemente favorecen nuestra evolución de animales a seres humanos y luego a seres humanos iluminados. El pensamiento es esencial en este proceso.

IKEDA: Como usted con tanta elocuencia señala, el pensamiento es lo que nos vuelve humanos. Pero, a tono con esto, ¿qué nos revela la capacidad de pensar acerca del ser humano?

El pensamiento no basta

MARINOFF: El pensamiento es como un mapa de carreteras: puede ponernos, y mantenernos, en el camino apropiado hacia una vida buena y contributiva. Pero el pensamiento no basta. También es preciso que practiquemos virtudes para ser plenamente humanos.

Puesto que el budismo combina el pensamiento religioso con el filosófico, lo pongo a la altura de las filosofías de la Grecia y la Roma antiguas, y del confucianismo y el taoísmo. En verdad, puede decirse que el budismo une las filosofías de Oriente y de Occidente.

Aristóteles insistía en que la realización personal era fruto de refinar el talento individual, mientras que Confucio insistía en que la realización personal era fruto de conducir las relaciones de manera responsable. Según mi parecer, el budismo en general y las enseñanzas budistas de Nichiren en particular ofrecen una síntesis de lo mejor de Aristóteles y Confucio.

Usted siempre anima a los estudiantes a desarrollar su talento individual para contribuir a que el mundo sea mejor. La Soka Gakkai Internacional atrajo mi atención porque su discurso abarca filosofías tanto orientales como occidentales.

De un tiempo a esta parte, los occidentales se han sentido atraídos por el pensamiento asiático antiguo, sobre todo en lo referido a la simbiosis con el medio ambiente. Esto también sugiere que las filosofías orientales y occidentales, si uno ahonda lo suficiente, comparten fundamentos comunes.

IKEDA: Gracias por su apreciación de nuestro enfoque filosófico. Hoy, para afrontar los problemas ambientales que afligen a la humanidad, es menester contar con una filosofía que permita un desarrollo sostenible y, a la vez, una vida en simbiosis con la naturaleza. Una cumbre medioambiental que se realizó en 2008[5] llegó a la conclusión de que todo progreso en la resolución de estos problemas necesariamente requerirá el trabajo concertado de todas las naciones, lo cual implica un replanteo fundamental de nuestra forma de vivir como países y de organizar nuestras sociedades. Sin este esfuerzo colaborativo, no habrá soluciones posibles.

MARINOFF: Esto significa mejorar la relación entre la humanidad y el entorno en la vida cotidiana. Lo que a su vez requiere que seamos conscientes de la necesidad de cambiar radicalmente de estilo de vida.

IKEDA: Está claro. Tal como mencioné antes [en la «Octava conversación»], el budismo recalca la inseparabilidad entre la vida y su ambiente. El pensamiento chino también enseña que el ser humano y el mundo celestial (es decir, el universo en su totalidad) constituyen una unidad indivisible. La idea que subyace a ambos sistemas de pensamiento es la conexión entre el yo y el otro, considerando que en el «otro» está incluido el medio ambiente.

En un discurso que pronuncié en la Academia China de Ciencias Sociales en 1992, utilicé el término *«etos de simbiosis»* para describir esta plataforma filosófica en común. Allí señalé que la tradición asiática —que privilegia la armonía sobre el conflicto, la unión sobre la división y el «nosotros» sobre el «yo»— tiende a buscar un modelo de prosperidad que presupone la vida en simbiosis; una relación de mutuo apoyo y respeto a los semejantes y a la naturaleza. Creo que esta forma de pensar irá cobrando mayor reconocimiento en el futuro y aportará contribuciones cada vez más sustanciales en los años venideros.

Marinoff: El énfasis oriental sobre la unidad o inseparabilidad del yo y el entorno ha ahorrado a las culturas asiáticas muchos efectos malsanos de las disociaciones occidentales.

En Occidente, Parménides, fundador de la escuela de Elea, articuló una filosofía afín en el siglo V a. C. Enseñaba que nuestras poco sistemáticas percepciones normales son erróneas, que el universo es un todo no creado e indestructible y que la eterna e invariable realidad sustenta el aparente flujo de los fenómenos. Sin duda el holismo de Parménides influyó en Platón.

Ikeda: En nuestro diálogo, Toynbee dijo:

> A un occidental instruido en lengua griega y latina, y en la literatura grecorromana anterior al Cristianismo, el concepto de *esho funi* [inseparabilidad entre el sujeto y su ambiente] le resultará familiar, pues esa era la cosmovisión imperante en el mundo griego y romano antes de Cristo.[6]

Considero que esta congruencia puede verse como ejemplo de otras ideas que son comunes a muchas filosofías clásicas y a otros sistemas de pensamiento. Sin embargo, en épocas posteriores, la noción de que el sujeto y el medio ambiente constituyen dos entidades separadas fue adquiriendo prominencia en Occidente e imponiéndose a la visión anterior.

Atomismo y disociación

Marinoff: Sí, los atomistas griegos, sobre todo Leucipo y Demócrito, propusieron una visión segmentada y fragmentada de la que luego la ciencia occidental se hizo eco, amplificándola. Con las destacadas excepciones de los idealistas de

Nueva Inglaterra, el excelente libro sobre holismo de Jan Smuts[7] y varios pensadores holísticos como Aldous Huxley y Arthur Koestler, la filosofía y la ciencia occidentales evolucionaron siguiendo mayormente líneas atomísticas y disociadoras, separando a la mente del cuerpo, al yo de la sociedad y al hombre de la naturaleza.

Solo a finales del siglo XX, cuando los efectos catastróficos del atomismo y la disociación devinieron palpables, comenzó a surgir un género alternativo de filosofía y ciencia occidentales. El ingeniero e inventor Buckminster Fuller acuñó el término *Spaceship Earth* [Astronave Tierra], James Lovelock formuló la teoría de Gaya (que los entes vivos y los no vivos componen un único organismo) y Rachel Carson fundó la ciencia de la ecología con su libro *Silent Spring* [Primavera silenciosa]. Y así fue como Occidente comenzó a redescubrir la inseparabilidad de la vida y su entorno.

IKEDA: Todas las personas que usted menciona han sido grandes influencias del movimiento ambientalista contemporáneo. Ideas como la hipótesis de Gaya o conceptos como la «Astronave Tierra» han ayudado a la gente a reconocer que el género humano es uno solo y que a todos nos une un destino común. Me produce una gran satisfacción ver que hoy, en mayor o menor medida, estas ideas se han incorporado al pensamiento de gran parte de la población.

MARINOFF: Y es preciso que las acepte mucha más gente.

Todavía está por ver si la actual industrialización de China y la degradación medioambiental que la acompaña reflejan un abandono absoluto de la unidad confuciana. ¿Está China emulando la revolución industrial, arrostrando el peligro filosófico y medioambiental que conlleva?

¿Acaso Oriente y Occidente están invirtiendo sus posiciones tradicionales respecto a la idea sobre la inseparabilidad de la humanidad y del cielo, o el carácter indivisible de la vida y su entorno?

IKEDA: Cada país tiene su propia situación que afrontar. Sin embargo, en este momento la China está fortaleciendo las políticas ambientales, a tono con su lema «Una sociedad armoniosa» y con la tradicional noción china de la unión entre el mundo celestial y el mundo humano.

Vengo propugnando desde hace tiempo el establecimiento de una asociación chino-japonesa en materia ambiental. En verdad, los problemas medioambientales que enfrenta la humanidad son impostergables. Las naciones asiáticas, con sus añejas tradiciones de respeto a la simbiosis con la naturaleza, pueden contribuir decisivamente a paliar los problemas ambientales de la tierra si cooperan estrechamente y toman la iniciativa en este terreno.

La historia muestra que las sociedades que olvidan o subestiman la sabiduría ancestral se exponen al estancamiento. En tal sentido, encuentro sumamente valiosa su labor por revivir la sabiduría de las corrientes filosóficas clásicas en el mundo contemporáneo y por aplicar el esclarecimiento que ellas ofrecen a la vida individual y social.

MARINOFF: Gracias por decirlo, pero solo soy un dedo señalando a la luna. En realidad, sus logros en la propagación del budismo Nichiren y de las filosofías antiguas y modernas más destacadas merecen una mención especial en la historia moderna. Al fin y al cabo, en una generación, su organización se ha convertido en una red global que está activa en 192 países y regiones.

IKEDA: Me temo que se excede en sus elogios a mi persona. En realidad, todo se debe al trabajo de los miembros de la Soka Gakkai Internacional, que han venido colaborando infatigablemente a mi lado.

La savia vital de la religión es la puesta en práctica, la acción orientada a lograr la paz y la felicidad para uno mismo y para los semejantes. Todo el activismo que se lleva a cabo en nuestro movimiento ciudadano es para contribuir decididamente al bienestar de la sociedad. Hay una necesidad imperiosa de aunar y aprovechar toda la creatividad y la sabiduría que esté al alcance de la civilización, para empoderar a la humanidad y permitir a cada persona construir una existencia realmente elevada. ¿Cómo poner en juego la sabiduría para que las personas experimenten su vida diaria de manera valiosa, con un claro sentido de propósito? Me gustaría dejar abierta esta pregunta y examinarla a la luz de la *areté* o «virtud» como modelo.

Duodécima conversación

Sobre la práctica de la virtud

IKEDA: Se acerca el mes de mayo (de 2009), la época de las suaves brisas primaverales. En el calendario lunar premoderno del Japón, al quinto mes se le llamaba *satsuki*, escrito con un ideograma que representa un paisaje bañado de luz y significa «brillante», «elevado» o «amplio».[1] Fiel a estas imágenes, mayo es un mes henchido de promesas y de vitalidad, grávido de crecimiento renovado para todos los seres.

MARINOFF: Un único carácter expresa espléndidamente una delicada estación. Los nombres ingleses de cada mes se derivan de palabras latinas. Por ejemplo, «mayo» proviene de Maya, la diosa romana del crecimiento. La palabra «mayo» también está asociada al verdor primaveral.

En Oriente y Occidente, el mes de mayo se asocia con imágenes de juventud, crecimiento floral, rejuvenecimiento y un exuberante abrazo del inminente verano. En su célebre «Soneto 18», un tributo al amor perdurable, Shakespeare describe «los encantadores capullos de mayo».

IKEDA: Como he comentado [en la «Décima conversación»], fue en un mes de mayo cuando fui a visitar al doctor Toynbee a su casa de Londres para iniciar nuestro coloquio. Su invitación no pudo haber sido más cordial. «Me gustaría recibirlo afectuosamente en cuanto pueda viajar a Londres; sin embargo, permítame sugerir el mes de mayo próximo. Ya que en mi país las primaveras suelen ser bellísimas, creo que será una grata ocasión para ambos.»[2]

Nichiren usa la metáfora del encuentro con un «amigo en el salón perfumado de orquídeas»[3] para denotar el influjo positivo que ejercen las personas virtuosas, así como, en un invernadero de orquídeas, el perfume queda impregnado en aquellos que permanecen en su interior. Mi esperanza es que este diálogo signifique esa clase de influencia positiva.

MARINOFF: Comparto su sincera esperanza. Examinemos el significado de virtud en la historia de la humanidad, asunto que traté en *El ABC de la felicidad*. Me gustaría analizar con usted el tema de la virtud como síntesis de los importantes modelos que los seres humanos necesitan para vivir en el mundo real. Aunque la naturaleza de la virtud varía en distintas culturas, cada una proporciona un estándar que ha evolucionado a partir de la experiencia cotidiana de llevar una vida buena.

La filosofía griega antigua, por ejemplo, ensalzaba las virtudes de la sabiduría, el coraje, la templanza y la justicia. Los confucianos respetaban las llamadas cinco virtudes: benevolencia, justicia, cortesía, sabiduría y fidelidad. Benjamin Franklin hizo una lista de trece virtudes: templanza, silencio, orden, determinación, frugalidad, diligencia, sinceridad, justicia, moderación, aseo, castidad, tranquilidad y humildad. Todas merecen ser observadas.

IKEDA: Desde el punto de vista histórico, muchas de estas filosofías y doctrinas se formularon durante procesos sociales de confusión y de desorden, más que en períodos de estabilidad. En cierta manera, la época demanda determinada filosofía, y la filosofía responde a la época.

Nichiren escribe acerca del confucianismo:

> A través de estas enseñanzas, la gente aprendió las normas del decoro y llegó a comprender la deuda de gratitud

que cada persona contraía con sus padres; además, se llegó a establecer una clara distinción entre el gobernante y los gobernados, para que el país fuese regido con sabiduría. El pueblo obedecía a los líderes que seguían esas enseñanzas.[4]

En respuesta a las épocas de crisis, se proponían determinadas virtudes como pautas para restablecer el humanismo.

MARINOFF: Esto es algo que ocurre una y otra vez. A lo largo de la historia, tanto en Oriente como en Occidente, se han escrito obras restaurativas como respuesta a crisis extremas. Laozi escribió el Tao Te King durante el período de los Estados Guerreros (475-221 a. C.); Platón escribió *La República* después de la Guerra del Peloponeso; San Agustín escribió *Ciudad de Dios* tras el saqueo de Roma; Thomas Hobbes escribió el *Leviatán* durante la Guerra Civil inglesa.

En nuestros tiempos, Gandhi escribió *Reflexiones sobre la verdad* después de la lucha por la autonomía de la India; Camus escribió *La peste* tras la ocupación nazi de Europa; usted y Gorbachov publicaron *Moral Lessons of the Twentieth Century* [Lecciones morales del siglo XX] cuando terminó la Guerra Fría.

Tal como hemos comentado en nuestra conversación anterior, los fundamentos de la moral humana no pueden darse por sentados: cada generación tiene que renovarlos. Los siguientes ejemplos sirven para subrayar cómo se pueden y deben crear causas virtuosas, incluso —y sobre todo— a partir de las circunstancias más espantosas.

IKEDA: Podría decirse que este proceso que usted describe es la fórmula de la creatividad y del progreso humanos. Muchos de los grandes filósofos que postularon la importancia de las virtudes y las pusieron en práctica en su propia conducta ejemplar —entre ellos, por supuesto, Sócrates—, debieron sufrir la difamación de sus contemporáneos. Hoy y en todas las épocas, señalar la forma correcta y humana de vivir puede significar una lucha de vida o muerte. Es un principio inexorable que se observa en todo lugar o momento de la historia.

El filósofo romano Cicerón escribe que la equidad, la templanza, la fortaleza, la prudencia y todas las virtudes libran una contienda contra la injusticia, la lujuria, la indolencia, la precipitación y todos los vicios; así pues, la abundancia lucha contra la pobreza; los buenos planes, contra los torpes designios; la sabiduría, contra la insensatez, y la esperanza bien fundada, contra la desesperanza universal.[5]

MARINOFF: Es verdad que el poder establecido ha acosado a los filósofos de cada generación, censurándolos, persiguiéndolos o incluso ejecutándolos por valorar la verdad y desenmascarar falsedades, por promover las virtudes y condenar los vicios o por amar la sabiduría y corregir la insensatez.

En el año 43 a. C., tras denunciar la dictadura de Marco Antonio en sus conocidas *Filípicas*, Cicerón fue decapitado. Acto seguido Fulvia, la esposa de Antonio, atravesó la lengua de Cicerón con un alfiler de sombrero, cosa que demuestra hasta qué punto temían el poder de su oratoria. Sin embargo, esos gestos tan fútiles no pudieron borrar la verdad de sus palabras.

IKEDA: Ninguna persona de genuina grandeza está a salvo de la persecución. En una conferencia que di en la Universidad Soka de Tokio, «Reflexiones sobre la historia y las figuras históricas: Vivir bajo persecución» [el 31 de octubre de 1981], dije que ser perseguido por defender ideas correctas y humanistas, en cierto sentido, era un reconocimiento incomparable y un emblema del más alto honor.

Nichiren sobrellevó una serie de hostigamientos que pusieron su vida en riesgo; su única «falta» había sido enseñar el budismo en bien de la felicidad humana y exponer la verdad. Él ofreció detalladas explicaciones sobre el patrón que siguen dichos ataques. Por ejemplo: «Cuando un mal gobernante, en connivencia con sacerdotes que practican enseñanzas erróneas, intenta destruir la enseñanza correcta y eliminar a un hombre sabio, los que posean el corazón de un león rey sin falta manifestarán la Budeidad. Como, por ejemplo, Nichiren»[6] y «Practicar el *Sutra del loto* provocará persecuciones especialmente duras. Y practicarlo como se enseña, de acuerdo con el tiempo y con la capacidad de la gente, dará lugar a pruebas en verdad agónicas».[7]

Yendo a la época actual, ¿cómo está vista la práctica de la virtud en el mundo occidental de hoy, especialmente en los Estados Unidos?

MARINOFF: Llevo viviendo y trabajando en los Estados Unidos desde 1994, y he encontrado una tremenda escasez de comprensión y práctica de la virtud en esa sociedad. Los europeos siguen siendo mucho más conscientes de la virtud que los americanos. Holanda, por ejemplo, celebra anualmente un Mes de la Filosofía, mientras que muchísimos estadounidenses no se topan con la filosofía ni una sola vez en su vida.

La Universidad de la Ciudad de Nueva York está a punto de eliminar la asignatura Introducción a la Filosofía como requisito para licenciarse. Por consiguiente, cientos de miles de estudiantes de su deshumanizado sistema se perderán la crucial oportunidad de examinar su vida a través de la lente de la virtud.

Lamentablemente, la cultura estadounidense contemporánea está arraigada en el vicio. Es más, el vicio se exalta, es objeto de sensacionalismo, se celebra y se recompensa. El desmoronamiento de la economía en 2008, que sumió el país en una terrible recesión y desestabilizó la economía mundial, fue causado ante todo por una avaricia desatada, un vicio sistémico a una escala colosal.

Incluso las legendarias virtudes de las clases populares estadounidenses, cuyas alabanzas tan elocuentemente cantaban personajes de la talla de Tocqueville, Emerson y Whitman, están viéndose socavadas y arrolladas por una corrupción rampante en los sectores público y privado por igual. El resultado inevitable es la degeneración moral y el fracaso social.

Según escribe Toynbee, el «hundimiento de las civilizaciones no lo provocan fuerzas cósmicas que escapen al control humano», sino «la pérdida del equilibrio mental y moral» basado en los valores y la consiguiente conducta corrupta de sus líderes y sus elementos constituyentes.[8]

UNA SOLA VIRTUD REPRESENTA LA TOTALIDAD

IKEDA: Muchos pensadores y columnistas japoneses consideran que, por desventura, al Japón también le falta el pilar de una sólida filosofía de vida. En su opinión, ¿cuál de las muchas virtudes enunciadas por los filósofos desde la Antigüedad resulta más valiosa para la sociedad de hoy?

MARINOFF: Todas las virtudes clásicas tienen un significado especial para cada generación. Lo que tienen en común es el referente de que la naturaleza humana es maleable. Puesto que la naturaleza humana es una única cosa —ya que los diferentes idiomas, creencias, costumbres y culturas solo denotan diferencias superficiales—, todas las virtudes tienen que ser comunes para toda la humanidad.

Está claro —tanto desde un punto de vista teórico como práctico— que la valentía, la justicia, la sabiduría y la templanza están interrelacionadas. El ejercicio de una de ellas implica el ejercicio de todas.

IKEDA: Son observaciones sugestivas, especialmente la idea de que practicar una virtud conlleva implícitamente la práctica de todas. Esto, creo yo, es una verdad medular a la hora de pensar la filosofía.

Como afirma el poeta griego Teognis de Megara: «En justicia, toda virtud es virtud colectiva, y todo hombre es bueno si es justo.»[9] Para establecer justicia hay que aunar valentía, acción y sabiduría. Y, asimismo, la fortaleza de no claudicar ante la desventura y la maldad. Así pues, en la práctica, la defensa y la consolidación de la justicia intervienen numerosas virtudes.

Por lo tanto, insisto, no hay que ver la filosofía como una actividad limitada a los filósofos de profesión. Antes bien, es una práctica que cualquier persona puede emprender en su afán de contestar preguntas y resolver problemas cotidianos.

MARINOFF: La búsqueda de la virtud en un mundo malicioso, por arduo que parezca el camino y remoto el objetivo, comienza en la mente de cada individuo en este mismo instante. Las personas no tienen por qué aguardar la llegada de un salvador ni ser ungidas por un filósofo rey; todo el mundo puede ejercer la virtud en cualquier tiempo y lugar, contribuyendo así a mejorar el mundo aquí y ahora.

Las últimas palabras de Shakyamuni exhortaron a sus seguidores de esta manera: «No os refugiéis en nada fuera de vosotros mismos. [...] No busquéis amparo en ninguna otra cosa más que en vuestro propio ser.»[10] Todo el mundo puede seguir su propia luz interior, sobre todo cuando practica las virtudes que la hacen brillar con más intensidad. Para una vida así iluminada no hay viaje agotador, no hay camino bloqueado, no hay pesar que debilite, no hay mal que triunfe. Aristóteles enseñaba que alcanzamos la justicia realizando actos justos, que practicamos la valentía con actos valientes.

IKEDA: Lo primero es la acción. Toda solía decir que «los jóvenes necesitan luchar valientemente, sin reparar en los que obstruyan su camino». Recuerdo que, una vez, me alentó con estas palabras: «No prestes atención a los que se burlen de ti o te menosprecien; sigue avanzando en pos de tu objetivo. Confía en la fuerza que obtienes de tu práctica budista.» Yo también, en cada oportunidad, exhorto a los jóvenes a actuar con valentía.

Rectificar la injusticia no es algo que pueda hacerse sin coraje. Alentar a los amigos que tienen problemas y salir al encuentro de alguien que sufre son actos de solidaridad que tampoco pueden llevarse a cabo sin valentía, aunque esto no parezca tan evidente.

¡En cierto sentido, hasta algo tan simple como madrugar requiere una cuota de valor! También hay que ser valiente para transformar las debilidades.

En verdad, adquirir conocimientos sobre las virtudes no es lo mismo que ser virtuoso. La virtud como ejercicio requiere de la praxis; es una puesta en práctica. Como escribe Marco Aurelio: «No pierdas más tiempo discutiendo cómo debería ser un buen hombre. Sé un buen hombre.»[11] Por eso es tan importante la existencia de un mentor que actúe junto a los jóvenes y les ofrezca un modelo real de conducta.

Un yo fuerte e imperturbable

MARINOFF: Su mentor, así como los filósofos estoicos, reconstituyó la clave de la ética de la virtud, que Aristóteles había elaborado en 350 a. C. [en *Política*, escrito ese año]: nos volvemos buenos no solo por contemplar la naturaleza de la bondad, sino más bien por actuar con arreglo a la virtud. Aristóteles también precisó coraje para abrazar este postulado, pues contradecía de plano a Platón, quien enseñaba que nos volvemos buenos al adoptar la forma de la bondad.

Por eso Aristóteles no fue elegido para suceder a Platón como director de la Academia y se vio obligado a fundar su propia escuela, el Liceo. El famoso cuadro de Rafael *La escuela de Atenas*, que ya hemos tenido ocasión de comentar [véase la «Sexta conversación»], describe este cisma bajo una luz inclusiva y quizá ambivalente, concediendo igualdad de condiciones a ambas opiniones.

¿Cómo interpreta la virtud el budismo?

IKEDA: Un ejemplo serían las cuatro virtudes representativas de los *bodhisattvas* y budas: eternidad (*jo*), felicidad (*raku*), verdadera identidad (*ga*) y pureza (*jo*). La eternidad se refiere a la presencia constante de la naturaleza de Buda inherente a todos los seres. La felicidad es la capacidad de disfrutar de la existencia con rebosante vitalidad. La verdadera identidad es la construcción de un yo superior, firme e indestructible, que trascienda los aspectos relativos y limitados del yo inferior. La pureza es la disposición pura y clara hacia el bien, aun en un mundo contaminado e impuro.

El budismo no es una teoría abstracta. La finalidad de la práctica budista es establecer una identidad que pueda mantenerse imperturbable y sólida, como una torre enjoyada. [Esto alude a la imagen de la «Torre de los Tesoros», contenida en el *Sutra del loto*]. Ese yo superior, que encarna las cuatro virtudes antedichas —eternidad, felicidad, verdadera identidad y pureza— no se perturba ante las aflicciones universales del nacimiento, la enfermedad, la vejez y la muerte. Cuando uno mismo cambia, también cambia su medio ambiente, y cuando esto sucede, es posible recorrer el camino ascendente de una buena vida. De esto se trata la «revolución humana».

MARINOFF: Por eso precisamente cabe entender el budismo como una filosofía aplicada que se centra en la ética de la virtud. El profundo y excelente objetivo de cambiar el entorno mediante un cambio en el yo pueden aplicarlo todas las personas.

En las sesiones normales de asesoramiento, ofrezco recetas filosóficas, pero las enfermedades que causan sufrimiento son increíblemente numerosas y diversas. Si supiéramos de una receta que funcionara como una panacea ante el amplio abanico de males que afligen a la humanidad, no dudaría en enunciarla. A la mayoría de quienes buscan modos de vida beneficiosos y con sentido, les recetaría alguna versión del Camino Medio. Como sabe, traté exhaustivamente este tema en *El ABC de la felicidad*.

IKEDA: Tengo entendido que su libro ha tenido una excelente repercusión, no solo en los Estados Unidos sino también en España, Italia, el Reino Unido, la China y otros países. Aprovecho la oportunidad para agradecerle el ejemplar autografiado de la edición china que tuvo la amabilidad de hacerme llegar. Mis amigos chinos también han elogiado francamente *El ABC de la felicidad*.

MARINOFF: Me alegra saberlo. En los Estados Unidos, varios intelectuales y locutores de radio lo elogiaron bastante, igual que el *Library Journal*. He adaptado una parte del libro [«El gulag americano» del capítulo 11] para una película documental, y es posible que otros fragmentos se adapten para una serie de televisión. Varios productores y directores han manifestado interés por adaptar *El ABC de la felicidad*.

Tal como menciono en el libro, los ánimos que usted me brindó y su sincera opinión me ayudaron a terminarlo.

El verdadero significado del Camino Medio

IKEDA: Es demasiado generoso con su reconocimiento, pero sea como fuere, me alegra haber podido ser de ayuda, aunque sea en pequeña medida.

Decía usted que escribió el libro con dos grandes ideas en mente. Por un lado, quería utilizar las filosofías de Aristóteles, el Buda (Shakyamuni) y Confucio para moderar los extremismos ideológicos que hoy incitan al mundo a la confrontación y a los conflictos. Por el otro, quería que los lectores se permitieran recurrir a estas filosofías, a este ABC, para resolver sus problemas personales.[12]

Aristóteles expuso la proporción áurea entre los extremos, y Confucio recalcó la importancia de la moderación o la doctrina del justo medio. Pero, en el budismo, ese «Camino» que aparece en la expresión «Camino Medio» se refiere, específicamente, a la práctica. La esencia del Camino Medio es seguir la vía o «práctica entre los extremos». Es decir, poner en acción el principio fundamental que permea el universo y la vida.

MARINOFF: Aristóteles, Shakyamuni y Confucio enseñaron que la virtud de la moderación es una clave de la felicidad y la plenitud, mientras que los vicios del exceso y la deficiencia conducen a la infelicidad. Los tres insistieron en que las virtudes deben practicarse a diario. Asimismo, enseñaron que ciertos actos —como el asesinato, el robo y la calumnia— son inherentemente malos, y por tanto excepciones a la regla de la moderación.

Un punto flaco de la ética de la virtud de Aristóteles es la ausencia de instrucciones amplias y avanzadas para la práctica cotidiana, mientras que las tradiciones confucianas con frecuencia caen en la trampa del aprendizaje de memoria e irreflexivo. No encuentro tales defectos en el budismo. Enseña prácticas potentes y, gracias a sus universales fundamentos humanísticos, cualquier persona puede seguirlo, incluso quienes abrigan creencias religiosas teístas.

En este sentido, es superior al pensamiento de Aristóteles y Confucio; acomoda las fuerzas de ambos al tiempo que resuelve la tensión fundamental que existe entre ellos. Aristóteles antepone el individuo al grupo; Confucio, el grupo, al individuo. El budismo afirma el valor de todo ser consciente al tiempo que hace hincapié en la interconexión entre todos los seres.

IKEDA: Correcto. Y, más específicamente, enseña el «óctuple camino».[13] Shakyamuni propuso que los tres venenos —odio, codicia y estupidez— son la causa del sufrimiento que experimentamos ante la realidad del nacimiento, la enfermedad, la vejez y la muerte. Expuso el óctuple camino a modo de práctica para que los seres nos liberáramos de los tres venenos y adquiriéramos un estado de felicidad indestructible o nirvana. Estos ocho aspectos esclarecen la vida correcta, la práctica del Camino Medio, separada de extremos como el rechazo ascético o el apego hedonista a los deseos.

El budismo Mahayana difundió la idea del *bodhisattva*, que, mientras se empeña en lograr su propia iluminación, simultáneamente promueve la iluminación de los semejantes. Esta corriente estableció también un sistema de práctica específico para los *bodhisattvas*: los seis *paramitas*.[14] El primero de ellos es la ofrenda [ya mencionada en la «Primera conversación»] que, en sentido amplio, abarca la contribución a la felicidad de los demás. Las cuatro virtudes de la eternidad, la felicidad, la verdadera identidad y la pureza —que antes nombramos— se manifiestan en la medida en que el *bodhisattva* pone en práctica los seis *paramitas*.

El significado esencial del Camino Medio es hacer brillar el tesoro incalculable que cada persona posee en forma intrínseca. En otras palabras, manifestar en uno mismo la dignidad y el valor supremos de eso que podríamos llamar «Vida» con mayúscula. Este es el modelo de humanismo que propone la filosofía budista.

MARINOFF: Gracias por ahondar en las virtudes del Camino Medio. Durante su prolongada y distinguida dirección al frente de la Soka Gakkai Internacional, ha transmitido la idea del Camino Medio en diversos lugares del mundo, en muchos países y culturas. ¿Ha topado con alguna objeción?

IKEDA: Veamos... Debido a los vaivenes políticos del Japón y del mundo, en ocasiones la Soka Gakkai Internacional ha sido objeto de recelo. Esta suspicacia obedece, mayormente, al desconocimiento y al temor de vernos como una religión «foránea» que persigue propósitos no declarados. Asimismo [por ser la SGI un movimiento inicialmente surgido en el Japón], en ciertos países asiáticos hubo reticencia a causa de los actos de agresión e invasión perpetrados por el militarismo japonés contra sus habitantes.

Pero, a medida que la opinión pública se informó sobre la lucha valerosa de los presidentes Makiguchi y Toda en tiempos de guerra y comprendió mejor la filosofía budista de respeto a la dignidad de la vida, fue aceptando y valorando más nuestro movimiento. La confianza de la sociedad también fue creciendo gracias a la labor sincera y perseverante de los miembros de la Soka Gakkai Internacional en todo el mundo, y a su trabajo junto a la ciudadanía de cada país por la felicidad colectiva y la paz social.

La Soka Gakkai Internacional se fundó oficialmente en enero de 1975, en la isla de Guam, con la presencia de representantes de cincuenta y un países y regiones del globo. En esa ocasión, expresé: «Más que vivir buscando la alabanza personal o la propia gloria, espero que dediquen su noble existencia a sembrar las semillas de la Ley budista en todo el mundo. Yo haré lo mismo.»[15] Tenía la certeza de que, finalmente, nuestro movimiento y la Ley budista ganarían aceptación, aunque al principio hubiese cierta hostilidad. Hoy, el sol del budismo Nichiren resplandece en todo el mundo.

Nuestros miembros recorren la vía del humanismo en concordancia con el Camino Medio y, como buenos ciudadanos de su país y del orbe, trabajan por la paz, la cultura y la educación en cada lugar. En particular, nuestros jóvenes ponen en práctica una clara filosofía de esperanza y de respeto a la dignidad de la vida; son conscientes de que el futuro depende de ellos y en tal sentido, motivados por un firme sentido de la misión, trabajan denodadamente para crear cambios positivos en la sociedad.

Amistad y virtud

MARINOFF: Usted demuestra un gran optimismo. Me consta que en todo el mundo hay personas que apoyan y comparten su inquebrantable adhesión al Camino Medio. He conocido a miembros de la Soka Gakkai Internacional en muchos países, quienes trabajan fervientemente para hacer realidad su visión.

En cambio, a veces resulta difícil prescribir lo más esencial a personas que han descuidado su desarrollo filosófico. En mi consulta he visto muchos casos en los que la raíz del problema reside en apegos malsanos de distintos tipos.

Por ejemplo, quizá se den a la bebida, demuestren un deseo insaciable de éxito, se vuelvan desconfiados o busquen refugio en el escapismo. El Camino Medio ofrece el método más eficaz para deshacerse de tales apegos e indicar el camino que deberían seguir. Los clientes se benefician enormemente de la filosofía del Camino Medio, siempre y cuando estén dispuestos a asumir medidas apropiadas de responsabilidad por su sufrimiento y su paliación.

IKEDA: Sí... Esos apegos a los que usted alude son lo que el budismo llama «obstáculos para la iluminación», especialmente los tres venenos (odio, codicia y estupidez). La práctica del Camino Medio —sustentada en los seis *paramitas* y en el óctuple camino— permite superar tales impedimentos.

Cuando optamos por trascender el sufrimiento mediante la práctica del Camino Medio, trascendemos el yo inferior o limitado, prisionero de sus deseos y de sus ilusiones fluctuantes, y avanzamos hacia una vida cuyo eje sea el yo superior del *bodhisattva*, dedicado a aliviar el sufrimiento de los semejantes. El budismo enseña que la forma correcta de vivir es activar al máximo nuestro potencial, procurar salir al encuentro del prójimo y, junto a los demás, abrir en bien de cada persona el camino a la felicidad y a la victoria humana. Esta es la práctica del Camino Medio.

MARINOFF: La vida altruista del *bodhisattva* es un ejemplo para toda la humanidad. La filosofía de Nichiren está impregnada de respeto al prójimo.

Uno de los elementos más destacados del budismo Mahayana es la enseñanza de convertir el sufrimiento en una fuerza para ayudar a los demás. Sin duda, la sabiduría del budismo, con su énfasis en la interacción humana directa, merece gran atención en esta época en que el contacto anónimo e impersonal vía internet trivializa, distorsiona y empobrece las relaciones humanas.

Por ejemplo, a los jóvenes de hoy en día se los lleva a creer que pueden hacer un «amigo» *online* solo clicando sobre una pantalla. Pero, en realidad, esto señala una discapacidad social en potencia que desatiende la conciencia y la práctica de las virtudes de la amistad (ensalzadas con tanta elegancia por Aristóteles en su *Ética a Nicómaco*). Y así, un joven puede «hacer» mil «amigos» en Facebook sin haber mantenido siquiera un solo contacto humano significativo.

IKEDA: No puede pensarse la existencia humana sin la interacción con los semejantes. Sin embargo, en la sociedad actual se explota, mercantiliza y discrimina al prójimo de maneras que destruyen progresivamente la naturaleza de las relaciones entre personas.

¿Cómo vivir una existencia creadora de valor? ¿Cómo orientar la vida hacia el bien y tener presente su sentido? En el yermo de esta sociedad tan dura, que ha extraviado los criterios para responder preguntas como estas, buscamos una manera de reactivar nuestra humanidad mancomunada y de construir una vida significativa y valiosa. En este contexto, veo un enorme potencial en el movimiento de la filosofía práctica, que propone una convergencia humana basada en un diálogo inspirador y revitalizante, orientado a resolver los diversos problemas y retos de la vida.

Decimotercera conversación

Las artes y el espíritu humano

IKEDA: La música crea sonidos de progreso, ritmos de esperanza, voces de paz...
En enero de 2009, auspiciado por la Asociación Musical Min-On, actuó en el Japón el director Osvaldo Requena, maestro del tango argentino. Tuvo la enorme generosidad de componer en mi honor dos tangos que estrenó en esa ocasión. Fue para mí un momento muy entrañable, que guardo en mi corazón, porque escuché ambos temas en compañía de un nutrido grupo de jóvenes. La rítmica cadencia del tango estremeció el corazón de todos, hasta tal punto que varios de mis amigos extranjeros que estaban de visita en el Japón se pusieron de pie a bailar.
La música tiene el poder de trascender las fronteras nacionales y lingüísticas; logra armonizar, elevar y unificar el corazón de las personas. Algo que siempre he procurado, desde mi juventud, es hallar tiempo para escuchar a grandes compositores clásicos, y especialmente a Beethoven, uno de mis favoritos. Aunque esté muy ocupado, en todo momento busco y valoro la inspiración del arte. Me consta que usted es un gran aficionado a la música. Si me permite, quisiera preguntarle cuáles son sus obras predilectas.

MARINOFF: La música siempre ha tenido una importancia vital para mí. De joven me gané la vida tocando y enseñando música.

Beethoven compuso obras potentes e inmortales, qué duda cabe. Mi período favorito es el alto barroco (1700-1750), que vio florecer a grandes compositores como Handel, Scarlatti, Telemann, Vivaldi, Weiss y, en especial, Bach. Para mí, las obras de Bach son las más bellas y sagradas del canon occidental, y también las más difíciles de interpretar.

El contacto espiritual con el gran arte en la vida cotidiana tiene un efecto enriquecedor. En Estados Unidos se celebran muchos eventos musicales hacia finales de mayo, a principios de verano y cuando la nación honra a sus caídos en la conmemoración del Memorial Day. Es estupendo que las ocasiones para tomar contacto con el arte y la música aumenten durante el estimulante clima estival.

IKEDA: ¡Qué bien! En perfecta armonía con el ritmo prodigioso de las cuatro estaciones... El arte es la luz de la humanidad. Es la vida a pleno brillo... Creo que el mundo sin arte sería un desierto espiritual, y que es en las artes donde el espíritu humano puede cobrar alas y elevarse a las alturas.

El *Sutra del loto* describe el ámbito donde la Budeidad vive eternamente como un sitio donde...

> ... Hay árboles enjoyados, henchidos de flores y de frutos,
> bajo los cuales, plácidos, gozan los seres vivientes.
> Las deidades baten tambores celestiales,
> e interpretan sin pausa música de diversas clases.[1]

Esta descripción da fe de que el budismo valora inmensamente la música y todas las expresiones vitales de la existencia.

El monje budista Miao-lo [Zhanran, sexto patriarca de la escuela Tiantai], que vivió en la China en el siglo VIII, escribe en su *Comentario sobre «Gran concentración e introspección»*: «Primero se establecieron las enseñanzas sobre el decoro y la música, y luego se introdujo el Camino verdadero.»[2] En otras palabras, la difusión de la música, los ritos y las artes despeja el camino —al menos en cierta medida— para la aceptación y la comprensión de ideales sociales y verdades filosóficas de valor positivo. La música y las artes pueden ejercer una tremenda influencia en las personas y en la sociedad. Una sola composición musical o un solo cuadro magistral tienen el poder de elevar infinitamente el espíritu humano. Las grandes artes y las grandes filosofías trabajan juntas en un nivel profundo para suscitar la creatividad humana.

MARINOFF: Como bien señala usted, las tradiciones filosóficas chinas están repletas de reverencia por la música. En su explicación del decimosexto hexagrama —*yu* [Entusiasmo]—, el *I Ching* [o Libro de los cambios] dice que los reyes de la antigüedad hacían música al principio del verano para honrar los méritos, y la ofrendaban con magnificencia al Supremo, invitando a sus antepasados a presenciarlo.[3] La música era el catalizador para alinear las fuerzas místicas que gobiernan el universo. Confucio dice de este rito: «Quien comprenda por completo este sacrificio podrá gobernar el mundo como si girara en su propia mano.»[4]

En general, los artistas creativos —poetas, escritores, compositores, pintores, escultores— beben de un pozo común de sabiduría universal. Platón llamaba mimesis al arte creativo; es decir, «representación». Con esto quería decir que en realidad nada se crea y que los artistas representan aspectos vitales de la sabiduría, la belleza, la armonía o la geometría eternas. Cuanto más beba el artista de este pozo, más universalidad reflejará su arte.

Encontramos el espíritu del pueblo norteamericano reflejado en la poesía de Whitman. Encontramos la sabiduría eterna de la filosofía helénica reencarnada en el Renacimiento italiano. Y encontramos la sabiduría práctica del budismo Nichiren reflejada en el jazz contemporáneo de Herbie Hancock, Wayne Shorter y Larry Coryell.

IKEDA: Es verdad. Los músicos de jazz que usted menciona están trabajando para promover la paz e infundir esperanza y valentía a la gente, basados en la inspiración creativa que les brinda la práctica del budismo.

LAS REGLAS Y LOS RITMOS DEL COSMOS

MARINOFF: Durante la escritura de *El ABC de la felicidad* descubrí que cuando uno contempla la sabiduría desde el punto de vista de las constantes universales, el cosmos parece tener reglas y ritmos. Además, resulta que la geometría de la flor de loto también incorpora una constante universal muy especial, φ, conocida como la «proporción áurea».[5]

Las iconografías de las tradiciones filosóficas de Aristóteles, Shakyamuni y Confucio están inextricablemente unidas por una constante geométrica entretejida en el entramado del propio universo y relacionada con la regularidad y el ritmo artístico. Sería interesante considerar el mantra Nam-myoho-renge-kyo[6] a la luz de su resonancia con las constantes universales.

IKEDA: Entiendo lo que plantea, y no le falta razón. Creo que hay un principio que palpita en el universo, un ritmo con el cual reverberan todas las cosas. En palabras de Nichiren: «Si piensa que la Ley está fuera de usted, no está abrazando la Ley Mística, sino una enseñanza inferior.»[7] Todas las leyes y principios que existen en el universo también se encuentran presentes en el nivel más profundo de la vida individual. Esta es la verdad que el budismo ha comprendido y que ofrece al ser humano.

Esto trae a mi mente el encuentro que mantuve con el eximio violinista Yehudi Menuhin. En nuestro diálogo en Tokio, en abril de 1992, debatimos sobre una gran variedad de temas, desde la filosofía de vida hasta la música. Me dijo que todas las personas pueden «armonizar y tomar contacto directo con las vibraciones del universo».[8] También dijo que una miembro de la SGI del Reino Unido le había enseñado Nam-myoho-renge-kyo. Menuhin comentó «el ritmo maravilloso de Nam-myoho-renge-kyo»[9] y dijo que él mismo lo recitaba prácticamente a diario. Además, agregó: «Me parece maravilloso, en verdad, que las personas entonen Nam-myoho-renge-kyo de forma cotidiana.»[10]

MARINOFF: Los comentarios de Menuhin hacen reflexionar. Era un violinista talentoso y un brillante intérprete de música en un siglo que vio el instrumento elevado a nuevas cimas de virtuosismo por un panteón de prodigios. Todavía disfruto escuchando los discos de Menuhin, incluso algunos de los primeros como el evocador *Songs My Mother Taught Me*, de Antonin Dvorak. Menuhin también prestó un gran servicio al unir las tradiciones clásicas de Oriente y Occidente en sus increíbles discos con el famoso sitarista Ravi Shankar [*West Meets East*, 1999]. Al tocar juntos, nos enseñaron que la música es un festivo denominador común de todas las culturas humanas.

IKEDA: Me hace muy feliz saber que usted también aprecia la música de Menuhin. Según recuerdo, él también expresó que la música era un constante aliento y un motivo permanente de solaz, incluso en las horas más difíciles. Como usted ha dicho, desde tiempos lejanos se ha entendido que la música expresa la armonía de la naturaleza. Las matemáticas, la música y todos los ámbitos del arte y del saber, así como también los grandes sistemas filosóficos y de pensamiento, aspiran a transmitir y esclarecer el principio que anima el universo, el ritmo armonizador inherente a todas las formas de vida.

MARINOFF: La tradición pitagórica de la antigua Grecia hacía hincapié en la profunda conexión entre geometría, música y filosofía. La proporcionalidad, la armonía y el equilibrio son rasgos esenciales no solo del gran arte y la arquitectura sino también de la grandeza de la sociedad, el pensamiento y el carácter humanos. Precisamente en este contexto, Aristóteles concibió la política y el arte de gobernar como la forma más elevada de arte, tal como hicieran Laozi y Confucio en la antigua China.

Es posible que la filosofía india haya ejercido influencia sobre Pitágoras. En cualquier caso, merece la pena señalar que la escala de yogas —comenzando por el hatha yoga y ascendiendo, peldaño a peldaño y siglo tras siglo, hasta las prácticas más esotéricas del budismo— reconoce el yantra yoga (el de las formas geométricas) y el mantra yoga (el de las vibraciones acústicas) como vecinos inmediatos y, por consiguiente, como familias de prácticas estrechamente emparentadas.

Me consta que usted también ha expresado este vínculo vital entre geometría, música y filosofía en su trabajo. Es un consumado poeta y fotógrafo. También ha hecho que la música y el arte de todo el mundo fueran accesibles para el púbico con la fundación de la Asociación Musical Min-On y del Museo de Bellas Artes Fuji de Tokio, lugares que he tenido el privilegio de visitar y admirar. Usted atribuye sistemáticamente su notable inspiración y su visión artística a su mentor Toda, y al mentor de este, Makiguchi.

Todos necesitamos ejemplos

IKEDA: Le agradezco sinceramente su reconocimiento. Es la verdad: todo se lo debo a mis mentores. Sin estos dos grandes educadores, la Soka Gakkai Internacional nunca se habría convertido en lo que es hoy, y nuestras actividades por la paz, la cultura y la educación jamás habrían cobrado una estatura global tan destacada. En lo personal, siempre pongo en práctica las enseñanzas de mis maestros. He vivido siempre orientado a construir el futuro que ellos vislumbraron. Y creo que no hay forma más encomiable de vivir la existencia humana. Nichiren escribe: «Estamos profundamente en deuda con nuestros maestros, que, además de impedirnos seguir doctrinas erróneas, nos han guiado al camino correcto.»[11] De una forma u otra, todos necesitamos mentores que, más allá de impartir conocimientos, sean un modelo y un ejemplo real.

Quisiera preguntarle cuáles han sido sus maestros más preciados.

MARINOFF: En cada etapa de mi vida, tanto en ámbitos académicos como no académicos, he encontrado mentores de muchas clases. Creo en el precepto confuciano de que podemos aprender algo de cualquier persona que conozcamos en cualquier situación de la vida. ¡Cuánto más, por tanto, podemos aprender en contextos académicos!

Entre los maestros que más me han influido se cuentan el difunto Douglas Lawley, profesor de Latín en el Lower Canada College y eminente pintor de caballos salvajes; el gran maestro Sing Ming Li, fundador de la Wu Do Kan Kung Fu Academy de Montreal; la profesora Elaine Newman, fundadora del Science College de la Concordia University; y el profesor Klaus Schwab, fundador del Foro Económico Mundial.

También he tenido el privilegio de aprender de grandes profesores e intérpretes de guitarra clásica como Miguel García, Florence Brown, Peter McCutcheon, Alexander Lagoya, Harold Micay y David Leisner.

Entre mis mentores budistas se cuentan Sogyal Rinpoche (tradición tibetana Dzogchén), Roshi Robert Kennedy S.J. (tradición zen Soto) y, desde 2002, usted y sus colegas de la Soka Gakkai Internacional en la tradición Nichiren.

A medida que la relación de maestro y discípulo va madurando, surgen una alegría inenarrable, una profunda gratitud por el beneficio de un aprendizaje de por vida y una obligación personal de orientar a otros.

IKEDA: Como puede inferirse con solo examinar la trayectoria de muchas de las figuras eminentes de la historia, la relación de maestro y discípulo desempeña un papel esencial y duradero en la vida del ser humano.

Por ejemplo, gracias a la relación de maestro y discípulo que hubo entre Sócrates y Platón, la sabiduría de la antigua Grecia ha podido preservarse hasta hoy, y aun en esta época sigue inspirando a la humanidad. Platón fundó la Academia, y Aristóteles, el Liceo. Esto muestra con claridad que ambos filósofos dieron prioridad a la formación de estudiantes que pudieran mantener vivo su legado intelectual.

Una relación similar existió entre Confucio y sus seguidores. Las *Analectas* describen un sublime lazo de maestro y discípulo, y nos muestran la devoción que los seguidores de Confucio, herederos de su pensamiento, sentían por su mentor.

En el budismo, los discípulos de Shakyamuni se encargaron de compilar sus enseñanzas y de transmitirlas a la posteridad. Este fue el origen de las escrituras budistas. Los tres primeros presidentes de la Soka Gakkai —Makiguchi, Toda y yo— recorrimos el camino de maestro y discípulo, y compartimos un mismo compromiso con la justicia y la paz.

MARINOFF: Tengo entendido que Makiguchi murió en la cárcel.[12] Su muerte fue sin duda un trágico golpe para Toda. El encarcelamiento y la muerte de Sócrates tuvieron efectos igualmente profundos en Platón.

Como bien sabe, Thoreau, Gandhi y M. L. King también fueron encarcelados varias veces por desobediencia civil, y pese a eso convirtieron en «buenas causas» sus encarcelamientos. ¿Qué semejanzas ve usted en la reclusión de los mayores mentores de la humanidad?

IKEDA: Quienes luchan por la justicia suelen ser perseguidos. Es una constante en la historia. La fortaleza para prevalecer en la búsqueda de la justicia y para superar la persecución deriva, precisamente, de ese vínculo humano entre los discípulos y sus maestros.

Tagore escribe:

¿Acaso quienes escucharon al gran maestro se limitaron a oír sus palabras y a entender sus doctrinas? No. Sintieron directamente en el corazón de él lo que este predicaba. En el lenguaje vivo del propio maestro, percibieron la verdad suprema del Hombre.[13]

Yo creo que el punto esencial de la relación de maestro y discípulo es aprender la verdad última de la existencia no solo tomando como referencia las palabras, sino también las acciones del maestro.

El estudiante, agradecido por la vida correcta que su maestro le ha permitido entender y construir, procura retribuir lo mucho que le debe y perpetuar la visión de su mentor. El compromiso de saldar las deudas de gratitud puede ser una poderosa motivación para resistir y superar las pruebas de la vida.

Creo que la relación de maestro y discípulo es el eje de toda educación humanística y, asimismo, de la creación de valor. Un mentor no solo imparte conocimientos; su intenso esfuerzo por capacitar e inspirar a sus discípulos, que representa la suma de sus desvelos, interviene de manera crucial no solo a la hora de formar su personalidad sino en el crecimiento de cada uno de ellos como seres humanos.

Makiguchi y Toda se dedicaron a la docencia. El primero utilizó como modelo el método socrático, en el desarrollo de su propio sistema de educación humanística. Admiraba a Sócrates por haber exaltado el valor de la propia indagación interior —la máxima «Conócete a ti mismo»— y por su activa disposición a dialogar con los jóvenes. Creo que usted también concede gran importancia al diálogo con la juventud y a la formación de los líderes.

LA PRIORIDAD SON LOS ESTUDIANTES

MARINOFF: ¡Por supuesto que sí! Como beneficiario de inspiradas enseñanzas, aspiro no solo a impartir conocimiento sino también a despertar las capacidades mentales de mis estudiantes. Esto solo puede conseguirse mediante una relación a dos bandas, el ejemplo personal y el diálogo. Ni las mayores bibliotecas del mundo ni los vastos repositorios de datos de internet pueden rivalizar con la relación profesor-estudiante. Los chats instantáneos que permiten a las personas comunicarse virtualmente no logran suplantar la dimensión vital del contacto humano real, para el que no hay sustituto tecnológico que valga.

¿Qué principio educativo le sirve de guía a usted?

IKEDA: «La prioridad son los estudiantes.»

Los educadores tienen en sus manos una gravosa tarea en relación con los jóvenes; son responsables de ayudar a cada uno de ellos a proyectar su vida de la mejor manera posible. Esto requiere una consagración absoluta al crecimiento y al futuro de los estudiantes. Un docente nunca debe subestimar o tratar de manera condescendiente a sus alumnos. Es importante abrazar la individualidad de cada uno de ellos con respeto y confianza, así sean niños de escuela primaria. Esta interacción de vida a vida, de corazón a corazón, fomenta en ellos el autoconocimiento y la confianza en sí mismos.

Pero hay algo más importante aún: el educador debe transmitir a los estudiantes el espíritu intrépido de no arredrar ni perder la compostura ante las tormentas de la vida. Ningún ser humano puede ser feliz si no cultiva la fortaleza interior. Podemos atiborrarnos de datos leyendo toda clase de textos y de libros, pero blandiendo información no vamos a superar las dificultades que nos depare el destino.

Además, los maestros necesitan inculcar a sus alumnos la importancia de la paz. Pertenezco a la generación que sufrió la guerra en carne propia. He conocido de sobra los sufrimientos que traen los enfrentamientos armados, consecuencia del militarismo demencial. Por eso, la gran tarea de mi vida ha sido dedicarme a la educación para la coexistencia en paz, a la altura de lo mucho y lo bueno que es capaz de brindar el género humano.

MARINOFF: El modo en que usted ha fundado tantas instituciones educativas en todo el mundo en un tiempo tan relativamente corto es digno de alabanza. He visitado la Universidad Soka de los Estados Unidos en varias ocasiones y debo felicitarlo por haber fundado una institución tan impresionante. Sospecho que sus estudiantes y ex alumnos se lo agradecerán siempre.

La Universidad Soka de los Estados Unidos optó por ser una facultad de Humanidades. Hablando tanto como beneficiario de una educación humanista como colaborador de la misma, he llegado a considerar las humanidades como la piedra angular de la civilización occidental y la modernidad, y, por consiguiente, indispensables para tener una visión progresista de la aldea global.

IKEDA: Estoy muy agradecido a los prominentes intelectuales de diversos países —usted, entre ellos— que han visitado la Universidad Soka de los Estados Unidos para inspirar a nuestros estudiantes. Muchos de nuestros egresados universitarios están llevando a cabo una labor precursora en sus áreas de especialidad, en todas partes del mundo. Recibo a diario cartas de nuestros graduados del sistema Soka. Nada me hace tan feliz como enterarme de sus victorias.

El valor de una universidad se mide por el calibre de sus egresados. Ellos, siempre decididos a superarse a sí mismos y a dar lo mejor, siempre orgullosos de su alma máter, son el tesoro más grande de la Universidad Soka. No tengo suficientes palabras con que elogiarlos.

La Universidad Soka de los Estados Unidos todavía es una institución joven. ¿Qué consejos le daría?

LAS UNIVERSIDADES EN EL SIGLO XXI

MARINOFF: La misión de una educación universitaria en el siglo XXI debe ser continuar con el estudio y fomentar nuevas aportaciones a lo que Matthew Arnold llamó «lo mejor que se ha pensado y dicho en el mundo», en el amplio espectro del conocimiento. Aparte de esto, el objetivo debe ser inculcar virtudes compatibles con el surgimiento de una identidad humana trascendente y verdaderamente global. Me figuro que la Universidad Soka de los Estados Unidos será un destacado ejemplo de la consecución de este objetivo.

Dado que Asia emerge y Occidente declina, es deber de las universidades con raíces asiáticas perseverar y ampliar la tradición humanista occidental. Ruego que considere sagrado este deber, de modo que «lo mejor que se ha pensado y dicho» no desaparezca de su currículo ni se aparte de la luz de la conciencia humana, y finalmente se yerga como un faro que ilumine a las mentes inquisitivas. Este es el mejor consejo que puedo dar.

Las universidades tienen una gran misión que cumplir. El mayor orgullo del City College de Nueva York es su misión: educar a todo el mundo; y con eso se alude a los hijos de inmigrantes y otros colectivos que no pueden permitirse pagar las matrículas de la Ivy League pero que sin embargo merecen la oportunidad de cursar estudios superiores. El City College se conocía como la «Harvard del proletariado». Actualmente cuenta con nueve premios Nobel entre sus distinguidos ex alumnos, más que cualquier otra institución pública norteamericana.

IKEDA: ¡Qué espléndida tradición! Con una idea semejante he fundado nuestras casas de estudios superiores. A menudo señalo que «las universidades existen en beneficio de aquellos que no han tenido oportunidad de asistir a ellas». Si bien es indudable que las instituciones universitarias han prestado grandes servicios a la humanidad, también se ha dicho que son torres de marfil donde los académicos se enfrascan en sus investigaciones aislados de la vida cotidiana. A veces, en su premura por impartir competencias que respondan a las necesidades más prácticas de la sociedad, también descuidan y omiten el desarrollo de valores espirituales y humanos.

Muchos líderes que deberían estar trabajando en bien de la sociedad y del pueblo se han malogrado en nombre de un elitismo arrogante, urgidos por la búsqueda compulsiva del poder y del provecho personal. Nichiren deplora a estas personas llamándolas «animales talentosos».[14] Sería un despropósito permitir que de nuestras universidades egresaran individuos con esta falta de valores. En reiteradas ocasiones he recalcado que las universidades necesitan cultivar integralmente a sus estudiantes y formar personas plenamente realizadas.

De sus aulas deberían salir profesionales inteligentes y creativos. Con este propósito, en los programas de Artes Liberales se imparten asignaturas que representan el legado filosófico, espiritual e intelectual de la humanidad. La persona que ha recibido una formación integral y completa no es especialista en un único campo. Antes bien, posee amplios conocimientos, sinceridad, sentido de la responsabilidad y voluntad de trabajar por la felicidad de sus semejantes. Los valores humanos de ese calibre se consagran decididamente a mejorar la sociedad de todas las maneras que estén a su alcance.

MARINOFF: Estoy completamente de acuerdo con usted. La actual crisis económica mundial fue resultado, precisamente, de lo que usted llama la «búsqueda compulsiva del poder y del provecho personal».

Durante décadas, demasiados sistemas educativos han arruinado (es decir, desmantelado) la tradición de las humanidades, no han imbuido de virtudes humanísticas a sus estudiantes y, en cambio, les han inculcado ideologías con poca visión de futuro y un egoísmo corto de miras. Ahora se dan las circunstancias para lo que usted acertadamente llama «formar personas plenamente realizadas».

Decimocuarta conversación

La vida y la muerte no existen separadas

IKEDA: Quisiera iniciar este capítulo citando palabras de Esther Gress, poeta laureada de Dinamarca:

Para que cambie el mundo, cambiemos al hombre.
Para cambiar al hombre, hagamos que este quiera cambiar.
Para que este quiera cambiar, cambiemos el mundo.
Hagamos eso.[1]

Gress, una autora de espíritu siempre joven y de visión siempre optimista, entablaba animadas conversaciones con los jóvenes.

Hoy en día, las noticias que aparecen en los medios son sombrías e inquietantes. Precisamente por eso, cada persona, como un brillante sol, debe irradiar una poderosa luz de esperanza. Es necesario dar un valiente primer paso, y después de ese, un paso y otro más. Necesitamos alentarnos unos a otros con decidido optimismo y seguir avanzando hacia el futuro. Esa es la forma de transformar nuestro mundo de manera fundamental.

MARINOFF: Estos versos de Gress invitan a reflexionar. De hecho, Laozi escribe: «El viaje de mil kilómetros / comienza debajo de tus pies.»[2] El mayor paso siempre es el siguiente.

El jugador de béisbol Yogi Berra es famoso por hacer declaraciones involuntariamente graciosas y profundas. Una vez dijo: «Cuando llegues a una bifurcación, tómala.» Estas palabras representan el aprieto en que se halla la humanidad actualmente, así como el poema de Gress: debemos seguir el camino de la bifurcación, cambiando nosotros y al mundo a la vez.

IKEDA: Es así, tal cual. Los daneses, famosos por sus productos lácteos y sus molinos de viento, también son líderes en el desarrollo de fuentes energéticas no convencionales, de origen eólico o derivadas de la biomasa. En años recientes, la opinión pública internacional siguió con interés el caso de Dinamarca, que ocupó el primer lugar en el Índice de la Felicidad.[3] Aunque hay muchos factores que explican la elevada calidad de vida de este pueblo, en gran medida ella se debe a su rica cultura, su tradición de promover la educación continua y su tenaz disposición a la ayuda recíproca.

MARINOFF: Cuando visité Dinamarca constaté de primera mano el bienestar generalizado que emana de un cuerpo político saludable. Como usted dice, son muchos los factores que contribuyen al alto índice de felicidad de los daneses. Además de los que usted menciona, hay que añadir una densidad de población relativamente baja, un aire y un agua límpidos, una socialdemocracia compasiva, tolerancia religiosa y amor a la libertad.

La felicidad en general se mantiene alta en Dinamarca a pesar de que la escasa luz solar durante el invierno tiende a aumentar los casos de depresión en los países nórdicos. La cultura puede ser más fuerte que la geografía. Una cultura como la de Dinamarca, que incorpora compasión y unidad, no puede dejar de fomentar una felicidad generalizada.

IKEDA: Todos mis amigos daneses son ejemplos vivientes de esa gran vitalidad cultural. Estoy convencido de que la clave para revertir los males que azotan la civilización moderna yace en restaurar las facultades inherentes al ser humano. La fuerza motriz para mejorar el mundo se encuentra en revitalizar la humanidad y revelar sus virtudes intrínsecas. A mi entender, este debería ser el foco de toda filosofía orientada a ayudar al ser humano.

MARINOFF: Durante el siglo pasado, un pequeño pero esencial puñado de visionarios predijo que nuestro próximo gran paso como especie no será biológico ni tecnológico, sino que conllevará una evolución (o revolución) de la conciencia humana. Usted y yo estamos de acuerdo en que la filosofía tiene que desempeñar un papel crucial en posibilitar el surgimiento de una civilización verdaderamente mundial.

Del círculo vicioso al círculo virtuoso

IKEDA: Claro que sí; ese es, incluso, uno de los principales objetivos de nuestro diálogo. Para promover más aún el surgimiento que usted menciona, es menester suplir la falta de una filosofía orientadora en la época actual. La escuela Tiantai utiliza la analogía de «la persona que cae al suelo, pero se incorpora empujándose sobre esa misma tierra [en la cual cayó]».[4] La mayoría de las numerosas dificultades que tenemos por delante son, en definitiva, problemas causados por el ser humano. Es razonable suponer, en tal caso, que si las personas cambian, podrán hallar solución a los aprietos que han provocado.

MARINOFF: Es interesante y también reconfortante oírle expresar este asunto en términos de voluntad, una facultad básica para cualquier aspiración humana de mejora que, sin embargo, últimamente se descuida bastante en la aldea global.

Ante todo debemos difundir dos ideas. Primero, que el ejercicio de la voluntad es el factor determinante para dirigir la vida de todo ser humano y puede producir resultados trascendentales si se ejerce y mantiene en caminos virtuosos.

Segundo, que descuidar la voluntad conducirá a la apatía política así como a la atrofia social, ocasionando un vacío que demasiado a menudo se llena con ideologías, dogmas y burocracias, entre otros opresivos y entorpecedores mecanismos de control político y social. En resumen, hay que ayudar a la gente a darse cuenta de que apenas utiliza su voluntad y que esta es un recurso inagotable que puede desarrollarse y aplicarse para resolver pacíficamente cualquier problema humano que se presente.

IKEDA: Recuerdo como si fuera hoy algo que dijo Aurelio Peccei, fundador del Club de Roma, en el transcurso de nuestro diálogo [publicado en 1985 con el título *Antes de que sea demasiado tarde*]: la última frontera que debía explorar el ser humano era la de su yo interior. La voluntad humana —que también cabe describir como el poder o la energía de la vida— tiene que enfocarse en la dirección correcta y sublimarse en aras del bien social y colectivo de la humanidad.

MARINOFF: La filosofía tiene que ser una presencia activa en la mente y la vida de las personas, rompiendo el círculo vicioso que surge de su ausencia e instaurando un círculo virtuoso en su lugar. Para que esto suceda, necesitamos figuras como usted, que ha alcanzado metas asombrosas mediante un persistente ejercicio de una beneficiosa fuerza de voluntad.

IKEDA: El gran educador danés Nikolai Grundtvig plantea que a la hora de ayudar a la gente a vivir de manera más plena y satisfactoria, más útiles que los libros son el corazón, el oído atento, la voz de una mente equilibrada y la energía que se obtiene dialogando con personas esclarecidas.

No son las riquezas materiales, el éxito o el reconocimiento lo que determina el valor y la felicidad de un individuo, sino la filosofía que practica y los actos de bien que lleva a cabo en situaciones cotidianas. La fuerza de la bondad motiva a la persona a confrontar y superar la adversidad, y, al mismo tiempo, a brindar esperanza a los demás. Ese poder es el compromiso de ponerse en acción por la felicidad de los semejantes, y en él se expresa, de la manera más sublime, la fuerza inclaudicable del espíritu humano. Para tomar contacto con esa disposición al bien que existe en la vida de todas las personas, para encauzar ese poder en la dirección correcta, hay que tener una sólida filosofía orientadora y hay que cultivar la práctica del diálogo.

MARINOFF: Tal como ha señalado anteriormente (véase la «Duodécima conversación»), estas cualidades vitales las articula el budismo temprano en el camino óctuple. Su práctica cotidiana moviliza recursos del fuero interno que conducen a alcanzar el mayor potencial de la humanidad.

Vivimos en una era cósmica de creciente entropía: el universo se expande y enfría; los sistemas físicos están pasando de estados ordenados a otros progresivamente desordenados. Cada ser y cada sistema consume energías no renovables —tanto si hervimos agua como si dirigimos una organización, ningún proceso es ciento por ciento eficiente—. Esta tendencia hacia un desorden creciente, o ineficiencia por mandato cósmico, se llama entropía. La propia vida no es más que una resistencia temporal a la entropía.

Cada bocanada de aire que inhalamos contiene una molécula que una vez fue parte de Sócrates, Confucio o Shakyamuni, y aunque las moléculas que antes formaban el cuerpo de estos grandes sabios están esparcidas a los cuatro vientos por la entropía, su sabiduría permanece intacta. Pese a que nada podemos hacer para impedir la disolución entrópica de la carne, los seres humanos tenemos la notable capacidad de trascender la entropía física instituyendo un orden moral en nuestras vidas. El orden moral emana de la conciencia. El budismo ha sondeado las profundidades de la conciencia más que cualquier otra filosofía.

El mar de la vida

IKEDA: En su indagación de esa fuerza del bien que permita superar la destrucción y el caos de este mundo, el budismo explora las profundidades más recónditas del alma humana, explora el universo interior de la vida, esclarece los niveles más profundos del ser.

Si me permite intentar una síntesis de un sistema de ideas muy complejo, la escuela budista de la Conciencia como Origen, perteneciente al budismo Mahayana, postuló la teoría de las ocho conciencias. Luego, se sumó una novena conciencia a esta teoría. Con esta adición, la enseñanza fue aceptada por Zhiyi y, tiempo después, adoptada por Nichiren. El sistema aspira a comprender los niveles más profundos de la mente a través de un análisis detallado de las operaciones precisas de la conciencia.

Las primeras cinco conciencias abarcan, esencialmente, las percepciones de los cinco órganos sensoriales (ojos, oídos, nariz, lengua y cuerpo o tacto). La sexta conciencia, de tipo mental, posee la función de integrar e interpretar los datos aportados por los sentidos.

La séptima conciencia (*mano-vijnana*) es el ámbito donde residen, en estado potencial, los estados mentales positivos y negativos (estos últimos serían las obstrucciones a la iluminación de las que antes hemos hablado). La octava conciencia (*alaya-vijnana*) se plantea como el ámbito donde se registran y almacenan los efectos de nuestras causas, que constituyen el karma favorable o adverso.

Zhiyi y Nichiren mencionan una novena conciencia, fundamentalmente pura (*amala-vijnana*) que subyace a las ocho conciencias ya enumeradas. La novena conciencia es la Vida original del universo presente en cada uno de nosotros. Se la llama también el «palacio de la novena conciencia» y es la verdadera entidad de la Vida. En el budismo Nichiren, se la identifica como Nam-myoho-renge-kyo.

MARINOFF: Esta teoría integral de la conciencia suscita gran interés entre los occidentales, sobre todo comparada con algunos de sus modelos mentales más empobrecidos e incompletos. Los planteamientos de los filósofos occidentales están muy divididos en las cuestiones relativas a la vida, la muerte y la conciencia. Platón creía en la transmigración del alma (en griego, *metempsicosis*), una idea que heredó de Pitágoras, quien a su vez bien pudo haberla adquirido de la filosofía india. Bertrand Russell, un clásico materialista ateo del siglo XX, insistía en que la muerte es un estado de completa disolución e inconciencia, la extinción del ser y la conciencia.

Como es sabido, Epicuro dijo de la muerte: «Mientras existimos la muerte no está con nosotros; pero cuando llega, dejamos de existir.»[5] Es decir, creía que es imposible experimentar la no existencia desde un estado existente, así como es imposible experimentar la propia existencia desde un estado no existente.

Por consiguiente, la experiencia de la muerte nos resulta incognoscible. La presenciamos de manera concreta cuando le ocurre a otra persona, pero la nuestra solo podemos contemplarla de manera abstracta. ¿Cómo aborda la idea de la muerte su filosofía budista?

IKEDA: El budismo Nichiren no es una filosofía materialista ni inmaterialista. Antes bien, enseña que la vida es eterna. Toda solía decir que «después de la muerte nuestra vida se fusiona con el universo». En otras palabras, el cosmos es como el gran océano de la Vida, sujeto a la pleamar y bajamar cíclica del nacimiento y la muerte. La vida individual se eleva como una ola sobre la superficie oceánica, aunque luego, en la muerte, vuelve a fundirse con la inmensidad de la Vida. Es un ritmo perenne...

En el capítulo «Duración de la vida de El Que Así Llega» (16.º) del *Sutra del loto*, el Buda dice: «Para salvar a los seres vivos / como medio hábil / doy la impresión de entrar en el nirvana.»[6] El Buda dice que parece morir —«entrar en el nirvana»— para motivar a los seres a buscar activamente la iluminación sin depender de él. Pero, en realidad, el Buda existe eternamente, no como individuo, sino como principio de iluminación.

Esto también puede interpretarse como una explicación sobre la naturaleza de nuestra vida y nuestra muerte como individuos. Parecemos morir —y, claro está, lo hacemos como seres individuales— pero nosotros también existimos eternamente, en relación con ese principio vital. El ciclo de la vida y la muerte, en el nivel individual, puede compararse con las fases del día y la noche. El nacimiento es como despertar cada mañana; la existencia es como la jornada de actividades; a su término, nos disponemos a dormir para recuperarnos del cansancio. Esto sería la muerte. El budismo enseña que la gran Vida universal —sujeta a repetir este ciclo de nacimiento y muerte en cada existencia individual, a través del pasado, presente y futuro— es la verdadera realidad de la vida.

MARINOFF: La física moderna revela que la materia y la energía no se crean ni se destruyen; más bien, se conservan. Materia y energía sufren interminables transformaciones en su propagación cíclica a través del espacio y el tiempo, manifestándose de distintas maneras. Sin embargo, nada se pierde y todo queda justificado.

Esto ha de ser igualmente cierto en el caso de la energía vital que llamamos Vida y en el de la radiante energía que llamamos conciencia. Estas también se conservan. Nunca se pierde nada, simplemente se transforma. La física estudia las leyes que rigen las transformaciones de la materia y la energía; el budismo estudia las leyes que rigen las transformaciones de la vida consciente y la conciencia.

¿QUÉ ES LA MUERTE?

IKEDA: Martin Luther King Jr. comentó: «La muerte es asombrosamente democrática.»[7] En efecto, todos habremos de morir, sin excepción. Esta solemne realidad nos involucra a unos y a otros por igual. La reflexión sobre esta naturaleza mortal que nos une, y de la cual nadie está exento, podría ayudarnos a trascender las diferencias y a comunicarnos mejor con los semejantes.

En 2008, el Centro Bostoniano de Investigaciones para el Siglo XXI [desde 2009, Centro Ikeda para la Paz, el Conocimiento y el Diálogo], inició una serie de actividades en torno al tema «Entender la muerte, valorar la vida». Una de ellas fue un seminario sobre las ideas y representaciones sobre la muerte en distintas civilizaciones, que contó con la presencia de destacados académicos de Harvard. De todos los simposios organizados, este fue especialmente participativo y estimulante.[8] Pienso que este tipo de debates son como semillas, que, aun siendo pequeñas, con el tiempo logran germinar, florecer y dar frutos. Entiendo que estos intercambios contribuyen a crear una nueva civilización y a renovar la filosofía.

MARINOFF: La muerte nos obliga a reflexionar sobre la vida. Siempre pregunto a mis estudiantes de filosofía: «¿Cuál es la causa principal de la muerte?» Una vez que han dado las respuestas habituales (p. ej., el estrés, el cáncer, las cardiopatías), les digo: «Tarde o temprano, es irremediablemente fatal.» Al principio se ríen, pero luego su mente se abre a cuestiones más profundas sobre la vida y la muerte.

Habiendo visitado el Centro Ikeda y leído muchas de sus magníficas publicaciones, recomiendo el trabajo que Masao Yokota, Richard Yoshimachi, Virginia Benson y sus colegas han hecho y siguen haciendo para fomentar el diálogo intercultural.

IKEDA: Ese diálogo intercultural es lo que necesitamos promover en la época actual. Durante el seminario que se celebró en febrero de 2008 con académicos de Harvard, el profesor Nur Yalman, antropólogo cultural de origen turco, dijo que en la visión de una cultura sobre la vida y la muerte se reflejaba la sabiduría de las religiones que habían configurado un sistema central de creencias. En tal sentido, prosiguió, un método primordial para revitalizar la cultura era replantear las ideas preponderantes sobre la vida y la muerte. Creo que tiene razón en ello, y que la investigación sobre el significado de la vida y la muerte puede esclarecer considerablemente el análisis sobre la naturaleza de nuestro mundo actual.

MARINOFF: El profesor Yalman tiene mucha razón al decir que cada civilización la definen y moldean sus religiones principales. Esto era tan cierto en el mundo antiguo como lo es en el contemporáneo. Además, las religiones que no reexaminan sus puntos de vista tampoco consiguen evolucionar y, por consiguiente, desmerecen la longevidad de las civilizaciones que por otra parte ayudan a sostener. El llamado choque de civilizaciones actual en el fondo es una competición entre ideologías, avivada por discrepantes visiones religiosas (y no religiosas) de la vida y la muerte.

IKEDA: Como sugerí en la conferencia que dicté en la Universidad de Harvard en 1993, la insistencia con que nuestra civilización moderna busca negar la realidad de la muerte y suprimirla de la conciencia no hace más que mantenerla siempre al acecho como una presencia ominosa, cuando en verdad no lo es. Sin embargo, el budismo Nichiren propone una visión de la vida y la muerte basada en el surgimiento y la extinción de la naturaleza del Dharma. En esa conferencia, intenté explicar estas ideas budistas bastante complejas: la naturaleza del Dharma es una forma de denominar la verdad eterna, la verdadera realidad del universo. En relación con los organismos vivos individuales, la naturaleza del Dharma se manifiesta en el momento en que dicho ser cobra vida, y se repliega en el momento de la muerte.

La muerte —al igual que la existencia— es un aspecto constitutivo de la vida, por mucho que la humanidad contemporánea procure negar esta realidad, cegada por el deseo y por otras obstrucciones a la iluminación. No hay cómo escapar de ella.

¿Qué es la muerte? Sin examinar seriamente esta pregunta, tampoco podemos saber qué es la vida; de este modo, perdemos de vista el valor genuino y la dignidad de la existencia, y, con ello, la posibilidad de vivir de manera vital y correcta. Es decir, no tenemos forma de experimentar la satisfacción plena y profunda de vivir.

El ensayista Michel de Montaigne, cuyas obras leí ávidamente en mi juventud, comentaba:

> Por eso, todas las acciones anteriores de nuestra vida deben ser evaluadas y puestas a prueba en este acto final. Es la jornada crucial, que determina el veredicto sobre cada uno de nuestros días. «Es el día —dice uno de los antiguos filósofos [Séneca]— en que habré de juzgar mis años.»[9]

PREPARARSE PARA UN NUEVO CICLO

MARINOFF: Sin una filosofía de vida consistente, las personas quizá teman a la muerte, y su miedo disminuirá su capacidad de vivir con plenitud. El gran poeta británico John Donne escribió un célebre poema titulado «Muerte, no seas orgullosa», en el que abrazaba la idea de que, al superar nuestro temor a la muerte, forzamos a la propia muerte a morir. Donne solía «practicar» el estar muerto: tenía un ataúd en su salón y cada tarde se ponía sus mejores galas y se tendía dentro de él. Si bien tal comportamiento podría enmarcarse dentro de las adorables excentricidades que caracterizan a la cultura británica, representa el sincero intento de un occidental por afrontar la muerte a diario para así apreciar mejor la vida.

IKEDA: Muchos han sugerido que la civilización moderna está tan obsesionada con la vida, que tiende a olvidar la muerte o a apartar la mirada de ella. Así y todo, nuestra existencia en la tierra solo puede ser buena, valiosa y plena en la medida en que confrontamos la realidad de la muerte. Este debería ser el propósito de la fe y de la práctica religiosa.

Como antes señalé, el *Sutra del loto* enseña que el Buda aparenta entrar en el nirvana, como medio o recurso. Según esta perspectiva, la muerte es una suerte de preparación para un nuevo ciclo de actividad, para una nueva existencia. El budismo ofrece una visión esencial de la vida, que nos permite afrontar la muerte sin temores innecesarios.

La principal motivación que llevó a Shakyamuni a abandonar el mundo secular e iniciar la búsqueda de la verdad fue el deseo de superar las aflicciones inexorables del nacimiento, la vejez, la enfermedad y la muerte. Shakyamuni empezó por resolver la cuestión del nacimiento y la muerte en el nivel del individuo, y a partir de allí reveló el camino para superar todos los otros sufrimientos, y aliviar las aflicciones de la sociedad y del género humano en su conjunto.

MARINOFF: Comparto su preocupación ante los intentos tecnocráticos que buscan evitar el enfrentarse a la muerte. Los medios de comunicación norteamericanos son el ejemplo perfecto de esta dicotomía. Por un lado, toda muerte violenta se glorifica en la televisión, las películas y los videojuegos, promoviendo una cultura de circo neorromano e, inevitablemente, de necrofilia.

Por otro lado, las personas parecen carecer de lo necesario para enfrentarse a la muerte real cuando les llega a ellas o a sus seres queridos. Quienes son incapaces de afrontar la muerte empobrecen su experiencia vital.

IKEDA: Esto también preocupaba a Toynbee. En nuestro diálogo, debatimos con franqueza sobre cuestiones como la dignidad y el valor de la vida, o el significado de la vida y la muerte. De joven, Toynbee perdió a muchos camaradas en la Primera Guerra Mundial. En su apartamento de Londres, sobre la repisa de su chimenea, conservaba las fotos de todos ellos como preciados recuerdos. Lo indignaba que una guerra insensata hubiese tronchado la vida de esos valiosos jóvenes, con todo el porvenir por delante,

Decía que muchos líderes de la sociedad actual, enfocada exclusivamente en la búsqueda de la gloria fugaz y del reconocimiento banal, se niegan a considerar la realidad fundamental de la vida y la muerte. Como no comprenden esta verdadera naturaleza, tampoco pueden crear una civilización genuinamente humanística, y el resultado de esta limitación —observaba sagazmente Toynbee— se traduce en un gran costo de infelicidad humana.

MARINOFF: Como adepto a la filosofía china, Toynbee tenía muy presente la observación de Confucio a propósito de que los problemas del mundo no se resolverán hasta que los soberanos gobiernen con fuerza moral en lugar de con coacción física. De las veintidós grandes civilizaciones que Toynbee documenta en su obra magna *Estudio de la Historia*, solo tres sobreviven en la actualidad. En su opinión, las demás perecieron a causa de su degeneración moral.

Las formas coercitivas de gobierno fomentan sufrimientos innecesarios y generan muertes violentas. Lamentablemente, el siglo XX fue testigo de los ejemplos más devastadores de tales tragedias en la historia de la humanidad.

El sabio liderazgo del rey Ashoka

IKEDA: Nada ocasiona tanto sufrimiento a los pueblos del mundo como tener líderes necios. No nos expongamos a repetir los errores que bañaron de sangre el siglo XX.

En mi diálogo con Toynbee, nos referimos a algunos de los grandes gobernantes de la historia; entre ellos, el rey Ashoka de la antigua India. Hondamente consternado por la matanza atroz que él mismo había causado con sus campañas bélicas, Ashoka reflexionó, se arrepintió de sus actos y buscó orientación y consuelo en el budismo. Decidió no gobernar recurriendo a las armas sino al Dharma, a la Ley, y crear por esa vía una era de paz. En otras palabras, Ashoka renunció al poderío militar y, en cambio, empleó un enorme poder moral y espiritual para establecer la paz y la estabilidad en su reino.

Específicamente, el principio en que basó su gobierno fue el respeto al valor y a la dignidad de la vida. Sus políticas fueron un reflejo de esta filosofía y, en muchos casos, instauraron reformas cruciales, como la renuncia a la guerra o el derecho de todo súbdito a ser juzgado de manera justa e imparcial. Asimismo, despachó emisarios a los países limítrofes para promover la paz regional.

Sus políticas innovadoras se extendieron también al ámbito social y a la protección ambiental; así pues, mejoró la situación de las mujeres, plantó árboles en alamedas y bulevares en todo el reino y apoyó actividades culturales de tal magnitud que nos siguen pareciendo admirables incluso en la época actual.

Muchos de los intelectuales con quienes he dialogado, incluido Coudenhove-Kalergi, tenían un elevadísimo concepto del rey Ashoka.

MARINOFF: Los soberanos liberales han sido relativamente pocos y espaciados a lo largo de la historia de la humanidad, y esta es una de las razones por las que hoy se sigue venerando a Ashoka, incluso en Occidente. Desde luego resulta difícil resistirse a la corrupción del poder absoluto. Una manera de hacerlo consiste en mantener una actitud abierta y tener ganas de aprender, cosa que requiere humildad, rasgo del que demasiado a menudo carecen los altos cargos políticos.

Marco Aurelio supo ser humilde, aprendió el estoicismo de la mano del esclavo liberto Epicteto, atemperando así su poder con virtud. Él y Ashoka encarnaron el ideal de Platón del filósofo rey. Comprometerse a aprender toda la vida seguramente es una de las claves para llegar a ser un soberano progresista.

IKEDA: Usted ha mencionado dos características de extrema importancia: tener una actitud abierta y estar dispuesto a aprender. Lo notable del caso es que Ashoka no empezó siendo un líder ejemplar. Se vio en la necesidad de replantear su forma de vivir cuando comprendió la tremenda destrucción y la sangrienta matanza que había impuesto al pueblo con sus guerras. El estudio concienzudo de las enseñanzas budistas lo condujo a crear un bastión de paz en su propio corazón. Y esta fortaleza interior es la que se tradujo en sus actos de gobierno.

Creo que, en la época actual, la sabiduría del budismo puede desempeñar un papel crucial en la creación de sociedades pacíficas. Uno de los académicos con quien tuve oportunidad de dialogar [en 2009] fue el doctor Harvey Cox, profesor en Teología y Religiones de la Universidad de Harvard. En el transcurso de nuestras conversaciones [publicadas con el título *The Persistence of Religion* (La permanencia de la religión)], el doctor Cox manifiesta su esperanza de que el budismo pueda tender un puente entre las civilizaciones cristiana y musulmana.[10]

MARINOFF: Estoy completamente de acuerdo con Cox. En el mundo hay más de tres mil millones de cristianos y musulmanes. Siguiendo la senda de la experiencia que compartí con uno de mis alumnos musulmanes (véase la «Octava conversación»), el budismo podría desempeñar un papel decisivo en la transformación de la guerra entre civilizaciones en un humanismo mundial.

El budismo rechaza la violencia por considerarla inviable, enseñando en cambio el arte y la ciencia del autogobierno moral. Posibilita que sus practicantes lleven una vida de dignidad y calidad ejemplares, al tiempo que alientan a los demás a hacer lo mismo. El budismo no es amenazador y de hecho puede mejorar la experiencia religiosa de los practicantes de otros credos. Esto es válido para los cristianos y los musulmanes, así como para las mujeres y los hombres de toda clase y condición.

Por cierto, dado que las mujeres suelen ser más longevas

que los hombres, tienen que afrontar la muerte de sus seres queridos más a menudo que ellos.

IKEDA: Ah... Esa es la clase de observaciones perspicaces que he aprendido a esperar de usted...

En una escritura budista temprana llamada Therigatha (título en pali de los *Versos de las monjas ancianas*), se narran las historias de muchas seguidoras de Shakyamuni que vencieron sus dificultades y superaron sus sufrimientos. Uno de estos relatos se refiere a Kisa Gotami, una creyente que había perdido a su hijo. Kisa significa «escuálida»; en efecto, era una mujer flaca y desnutrida. Con los años, logró casarse y dar a luz a un hijo varón, a quien amó con devoción. Pero, por desgracia, el pequeño falleció prematuramente. Abrumada de dolor, con el cuerpito en los brazos, vagaba por la ciudad buscando un remedio que reviviera al pequeño. Shakyamuni, condolido al verla en ese estado, le dijo que el niño volvería a la vida si ella le llevaba una semilla de amapola procedente de una casa donde jamás hubiese fallecido ninguna persona. Kisa se lanzó a la búsqueda y recorrió la aldea de punta a punta, fiel a las instrucciones de Shakyamuni. Pero no pudo hallar un solo hogar donde nunca hubiesen llorado a un ser querido. Finalmente, comprendió que nadie puede escapar de la muerte.

Shakyamuni quiso ayudarla a comprender esa verdad para curar su tremenda congoja. Kisa, ahora consciente de esta realidad de la existencia humana, decidió adoptar al Buda como maestro y practicar sus enseñanzas, inspirada —por así decirlo— en la muerte de su hijo adorado.

Nadie, ni siquiera el más rico o poderoso, puede eludir la hora inevitable de la muerte. El filósofo y matemático Blas Pascal escribió: «Todos morimos en soledad. Por lo tanto, debemos actuar como si estuviéramos solos. En tal caso, ¿construiríamos mansiones fastuosas y tantas otras cosas? Deberíamos buscar la verdad sin la menor vacilación.»[11] Dicho de otro modo, debemos empezar por comprender cuán efímera es nuestra vida.

MARINOFF: Antes ha mencionado la muerte de su hermano durante la Segunda Guerra Mundial (véase la «Segunda conversación»). Uno de mis tíos también falleció en esa guerra. La muerte reclamó a mi padre cuando yo tenía quince años y también se ha llevado a mis dos hermanos, a uno en la infancia, al otro con treinta y tantos. También me ha enviado recordatorios. Cualquiera que haya visto la muerte de cerca es capaz de sentir su inminente y casi palpable presencia.

IKEDA: Después de que terminara la guerra, supe que mi hermano mayor había muerto en combate. En aquella época, yo sufría de tuberculosis. La enfermedad había avanzado tanto, que los médicos pronosticaron que no llegaría con vida a los treinta años. De modo que pasé todos mis años de juventud bajo la sombra ominosa de la muerte.

Cuando la guerra terminó, a menudo mis amigos y yo entablábamos largos diálogos sobre la existencia y la mortalidad del ser humano. Esos sentimientos se aprecian en un poema —«Morigasaki»— que escribí en esa misma época:

> *Pero mi amigo ha callado.*
> *¿Qué camino elegiré*
> *para abrir las alas de mi vida*
> *y volar a los remotos jardines de la luna?*
> *Se enjuga las lágrimas entre suspiros.*
> *Mi amigo y su solitario pesar...*
>
> *Yo igual,*
> *pero con una aspiración ilimitada:*
> *«Haz conmigo una promesa,*
> *¡enfrentemos la vida*
> *por muchos dolores que nos traiga!»*
> *«¡Tienes mi palabra!»,*
> *sonríe mi compañero.*[12]

Fue en esta etapa cuando empecé a ponderar profundamente cómo debía vivir. «¿Cuál es la forma correcta de encarar la vida?» Esa fue, precisamente, la pregunta que le hice a mi mentor la primera vez que lo tuve frente a mí.

En respuesta, él me explicó con claridad el propósito de la fe y de la práctica budista:

> ¿Cómo podemos resolver la cuestión fundamental de la vida y la muerte? Es la pregunta más difícil, ¿no crees? El budismo la llama el problema de las cuatro aflicciones de la vida: el nacimiento, la vejez, la enfermedad y la muerte. Sin resolver esta cuestión, no es posible hallar una forma correcta de vivir.[13]

En aquella época, yo era muy escéptico con respecto a la religión. Pero después de conocer a mi maestro y de saber que había estado preso por oponerse al militarismo y defender sus convicciones budistas, sentí intuitivamente que podía confiar en él.

Alegría en la vida y en la muerte

MARINOFF: La filosofía y la práctica budistas plantean maneras saludables de enfrentarse a la muerte y así mejorar nuestra apreciación de la vida.

Paulo Coelho, cuyos libros se venden por millones en decenas de países, en su juventud escapó con vida de un incidente particularmente violento. La noche en que me lo refirió con todo detalle dijo que desde aquel día la muerte había sido su fiel compañera, caminando siempre a su lado. Y precisamente porque vive acompañado de la muerte a diario, ha sido capaz de vivir con la máxima plenitud posible.

Estoy convencido de que las personas solo pueden vivir plenamente si se enfrentan a la cuestión de la muerte a diario. Por ejemplo, cada mañana, al despertar me pregunto: «Si este fuese el último día de mi vida, ¿qué intentaría llevar a cabo?» De igual manera, cada noche, antes de acostarme, me gusta decir: «Esta noche puedo dormirme sin remordimientos, sin preocuparme por si mañana no me despierto, porque hoy he hecho todo lo que podía hacerse.»

IKEDA: Sus palabras invitan a una profunda reflexión. La vida no existe separada de la muerte. Cuando confrontamos la realidad inexorable de la muerte, tomamos conciencia de nuestra propia mortalidad. Al trascender esta conciencia en dirección a la vida eterna y primigenia del universo, adquirimos una visión más esencial sobre la vida y la muerte de cada individuo, sobre la existencia humana, y podemos experimentar nuestro paso por el mundo de manera mucho más plena y sin lamentaciones.

Este es el propósito del budismo y la verdadera finalidad de la fe y la práctica religiosa. León Tolstói escribió: «La vida es alborozo, y también la muerte lo es.»[14]

El budismo Nichiren brinda una lúcida visión de la vida y la muerte basada en la enseñanza de que la vida transcurre junto con el universo, en un ciclo interminable de existencia y latencia. Esto nos permite sentir el mismo júbilo en ambas fases: la genuina alegría de vivir y de morir.[15]

Podemos vivir imbuidos de felicidad, en la medida en que establecemos en lo profundo de nuestro ser individual una visión correcta de la vida y la muerte, es decir, en la medida en que entendemos la eternidad de la Vida.

Considero que esta es una clave esencial para crear y propiciar una nueva civilización humana. Como dijo Romain Rolland, de la muerte brota nueva vida, y la vida es eterna. El movimiento de revolución humana protagonizado por los miembros de la Soka Gakkai Internacional se basa en una práctica filosófica y en una visión de la vida y la muerte que nos permitan vivir con auténtico júbilo.

MARINOFF: Aportar alegría a la vida humana es un punto adecuado para cerrar esta conversación sobre la vida y la muerte.

Mi compositor favorito, Bach, escribió su solo más célebre, su *Chacona*, tras la muerte repentina de su amada y joven esposa Bárbara. En esta *Chacona*, grabada por muchos violinistas y guitarristas virtuosos del siglo XX. Bach explora las profundidades de su pena con una amplitud musical sin precedentes. La composición lo conduce —así como a los intérpretes y al público— a través de una danza de transformación que comienza en la desesperación, avanza hacia la serenidad, trasciende el pesar y la alegría por igual, y culmina en una experiencia de santidad intemporal.

Su compositor favorito, Beethoven, expresó su inmortal *Oda a la alegría* en su última y mejor sinfonía, la novena. Superando su sordera, así como los estragos causados por las guerras napoleónicas, Beethoven transformó su atormentada vida en triunfales regalos musicales rebosantes de alegría para los seres humanos y la posteridad.

Decimoquinta conversación

Las mujeres y el establecimiento de una cultura de paz

IKEDA: Las voces jubilosas de las mujeres reflejan, en cierta manera, los sonidos del progreso. Su trabajo en equipo, siempre entusiasta, enciende la luz de la paz. Hace poco, la Soka Gakkai organizó en el Japón una serie de foros y exhibiciones con excelente repercusión de público. Dos actividades muy bien aceptadas fueron «Las mujeres y la cultura de paz» y «La cultura de paz y los niños».

MARINOFF: Estoy al corriente de estas maravillosas iniciativas por parte de las mujeres de la Soka Gakkai. En 2008, en el Centro Cultural de la SGI-USA, tuve el honor de participar en el «Ciclo de conferencias de oradores destacados sobre la cultura de paz», que tan hábilmente organizó Paula Miksic.

IKEDA: En el caso de las actividades que mencioné, fueron organizadas por el Departamento Femenino de la Soka Gakkai, en coincidencia con el «Año Internacional de la Cultura de Paz» (2000) y el «Decenio internacional de una cultura de paz y no violencia para los niños del mundo» (2001-2010) de las Naciones Unidas.

La manera más segura y más efectiva de mejorar nuestro mundo —en aras de la paz y la dignidad de la vida— es tomar medidas prácticas aquí y ahora; sembrar y cultivar en cada vecindario y en la vida de cada persona que conocemos las semillas de una nueva cultura de paz. Estos alentadores diálogos y estas iniciativas de acercamiento que emprenden las mujeres están floreciendo magníficamente en cada comunidad. En verdad, las mujeres viven dedicadas a crear culturas de paz y a buscar filosofías pacifistas.

MARINOFF: He conocido a muchas mujeres activistas de la SGI-USA y debo decir que me impresiona profundamente su clara visión, su sincera devoción, su resuelta acción por una cultura global de la paz. En las últimas décadas se han dado pasos de gigante para mejorar la situación de las mujeres. La globalización en curso traerá aparejado un progreso todavía mayor.

IKEDA: Para que el siglo XXI sea una centuria de paz y de respeto a la dignidad de la vida, primero tiene que ser un siglo de la mujer. Es absolutamente esencial contar con la acción colectiva de un gran número de mujeres, pero conscientes de su lugar como ciudadanas del mundo. En el movimiento de paz, cultura y educación de la Soka Gakkai Internacional basado en las enseñanzas del budismo, la labor del Departamento Femenino ha sido absolutamente crucial.

Muchos de los intelectuales del mundo con quienes dialogué han recalcado que la clave del futuro está en las mujeres. En esta conversación, si está de acuerdo, propongo que consideremos las actividades de la mujer como vector de una nueva era.

MARINOFF: Sin duda es acertado que exploremos el papel de las mujeres en este nuevo milenio.

IKEDA: En 2004, publiqué un volumen de diálogos con la activista Hazel Henderson, especialista en el estudio de tendencias futuras (*Planetary Citizenship* o *La ciudadanía planetaria*). En una entrevista que concedió al diario *Seikyo Shimbun*, dijo que las mujeres tenían gran capacidad innata o adquirida de captar el panorama general y de adoptar un punto de vista imparcial.

En su ejercicio del asesoramiento filosófico, ¿qué características especialmente destacables ha encontrado en las mujeres?

MARINOFF: A lo largo de los años, he aprendido muchas cosas gracias a mis clientas. Una lección primordial es que las mujeres suelen prestar mucha más atención que los hombres a las relaciones. Estos son más objetivos por naturaleza y tienden a despersonalizar y externalizar a la gente, las cosas y los procesos. La objetividad puede contribuir a que seamos menos sentenciosos (y por tanto puede reducir el sufrimiento), pero también puede deshumanizar al otro, conduciendo a lo que Buber llamó relaciones moralmente malsanas «yo-ello».[1]

Las mujeres son por naturaleza más subjetivas, tienden a personalizar e interiorizar las relaciones. La subjetividad puede fomentar el apego (potenciando así el sufrimiento), pero también puede humanizar al otro, conduciendo a lo que Buber llamó relaciones moralmente sanas «yo-tú».[2] No cabe duda de que casi todas las mujeres valoran las relaciones interpersonales por encima de todo.

LAS DIFERENCIAS ENTRE HOMBRES Y MUJERES

IKEDA: Xie Bingxin, prominente escritora china con quien me unen lazos de amistad, una vez dijo a mi esposa que si no hubiera mujeres en este mundo, la sociedad perdería el cincuenta por ciento de su verdad, el sesenta por ciento de su bondad y el setenta por ciento de su belleza. En lo personal, creo que las cifras llegarían a ser incluso más altas...

¿A qué obedecen estas diferencias de mentalidad entre hombres y mujeres? Los procesos que dan lugar a ellas han sido estudiados desde perspectivas muy diversas. El profesor Simon Baron-Cohen, de la Universidad de Cambridge, cuyas investi-

gaciones sobre las diferencias de género han sido muy comentadas, afirma que la mujer tiene mayor inclinación a la empatía.
Dice, al respecto:

> La empatía es sintonizar natural y espontáneamente con los pensamientos y sentimientos del otro, sean cuales fueren. [...] Es saber leer la atmósfera emocional que se establece entre las personas. Es ponerse en el lugar del otro sin esfuerzo, negociar una interacción sensible con las personas que no las lastime u ofenda en ningún sentido, interesarse por lo que sienten los demás.[3]

Desde hace mucho tiempo se reconoce la superioridad de la mujer en las áreas del lenguaje. Esto, combinado con la capacidad de empatizar, probablemente explique que las mujeres sean mejores comunicadoras.

MARINOFF: Si deseamos aprender acerca de los procesos que dan pie a estas y otras diferencias, debemos tomar en consideración los catorce millones de años de la evolución de los primates, pues contienen las semillas del comportamiento humano. Además de estudiar a los primates, también debemos estudiar la antropología física y cultural de los primeros homínidos a través de nuestros antepasados del neandertal, un período de unos cuatro millones de años. Resulta que muchas consecuencias sociales de la diferencia entre los sexos tienen un origen biológico y no pueden desecharse mediante pensamientos ilusorios, ingeniería social o adoctrinamiento político.
Hay una falacia fundamental que ha calado hondo en la civilización occidental, aunque todavía no en Asia: a saber, la falsa creencia de que todas las diferencias entre hombres y mujeres las provoca la sociedad. La gente debe aprender que ser iguales no significa ser lo mismo. Uno más cuatro es igual a dos más tres, pero las dos fórmulas no son la misma. Las naranjas y las manzanas me apetecen por igual, pero no son iguales. Deberíamos amar a nuestros hijos por igual, pero eso no significa

que sean iguales. El yin y el yang son iguales en su complementariedad, pero evidentemente no son lo mismo.

Asimismo, otorgar a las mujeres iguales derechos y oportunidades no significa que las mujeres vayan a convertirse en lo mismo que los hombres. Y tampoco es que la mayoría de las mujeres lo desee. Cualidades como la empatía hacen que ellas sean inestimables facilitadoras del diálogo y mediadoras. Los hombres a menudo adoptan una postura de confrontación que inhibe la comunicación y puede degenerar en conflicto. Las mujeres suelen adoptar una actitud empática que mejora la comunicación y apacigua los conflictos. Mientras los hombres suelen preocuparse por abstractas asociaciones de ideas, las mujeres tienden a centrarse en relaciones interpersonales concretas en el seno de la familia, el lugar de trabajo y la comunidad. Tejen y remiendan los tejidos familiar y social de los que tanto depende nuestro bienestar.

Mis clientas me han obligado a explorar con más atención esos recursos —tanto occidentales como asiáticos— que abordan los problemas latentes e incipientes de las relaciones humanas.

IKEDA: Sí. Como usted señala, las mujeres, sin duda, fortalecen y facilitan los lazos interpersonales que constituyen el basamento de nuestra sociedad.

El doctor Baron-Cohen observa que el poder de la empatía neutraliza la agresividad humana, mientras que su ausencia la exacerba. La falta de empatía, en su punto extremo, da lugar a la violencia. Los hombres recurren al poder para imponer las cosas por la fuerza; las mujeres, con su mayor capacidad de empatía, tienden a prestar atención a los sentimientos y las circunstancias de los demás, por lo cual son más eficaces a la hora de mantener la armonía. Desde luego, toda generalización es relativa, pero creo que, en esta sociedad de hoy, donde las relaciones humanas se han vuelto tan débiles y distantes, la capacidad de empatizar será cada vez más valiosa, tanto para los hombres como para las mujeres.

LAS MUJERES, PROMOTORAS DE LA CULTURA

MARINOFF: Un destacado rasgo femenino que he observado repetidas veces en el mundo de los negocios es el énfasis que las mujeres ponen en la importancia de la cultura. Si los dejaran a su aire, muchos hombres se dedicarían a los negocios, la política y el deporte, excluyendo todo lo demás. Sus esposas, en cambio, insistirían en que asistieran y prestaran atención a actividades culturales como la música, la poesía, la literatura, la pintura o el teatro.

Si bien muchos hombres son excelentes intérpretes o artistas creativos, las mujeres son ante todo las creadoras de cultura, proporcionando la matriz social esencial que permite compartir la cultura con el público. De modo que las mujeres pueden mejorar la sociedad notablemente, llevando adelante nuevas celebraciones y refinamientos culturales. Puesto que la expresión y la apreciación de la cultura son universales, son las mujeres quienes nos socializan y civilizan, en buena parte mediante su incansable promoción de la cultura.

IKEDA: Y es importante destacarlo... Sin duda, las mujeres son las grandes creadoras de la cultura de paz. Los hombres deberíamos reconocerlo con humildad y valorar las contribuciones excepcionales de las mujeres.

En nuestro diálogo, Coudenhove-Kalergi se mostraba convencido de que sería posible lograr la paz mundial si diéramos a las mujeres la oportunidad de desempeñar un papel más importante. Al mismo tiempo, trazaba una interesante comparación. Aunque las niñas en todo el mundo juegan con muñecas —comentaba—, los varones en todos los países juegan a la guerra y el propósito del juego es vencer a los demás.

Hace tiempo, me refirieron un experimento diseñado para estudiar las distintas conductas de niños y niñas. En una escuela de nivel preescolar, se procedió a separar por género a los pequeños alumnos. A cada grupo se le permitió jugar con bloques de madera. En la mayoría de los casos, el grupo de los varones se dividió en dos bandos opuestos, que jugaron a pelear y a quitarse los bloques. Las niñas, por su parte, se pusieron a conversar para decidir qué iban a construir grupalmente con las piezas. Desde luego, no todos los varones y las niñas actúan así, pero creo que este estudio nos dice algo sobre las tendencias que predominan en unos y otros...

MARINOFF: Sí, en efecto. Las diferencias de los niños según el género se han estudiado exhaustivamente, a menudo por las propias mujeres. Hay un nutrido conjunto de pruebas objetivas sobre las consecuencias sociales de la diferencia por género. Por regla general, las niñas destacan en habilidad verbal; los niños, en los análisis espaciovisuales. Las niñas tienden a ser cooperativas y adaptables; los niños, agresivos y competitivos. Los grupos de juego están separados por sexo en buena medida, aunque se encuentran algunas niñas en los grupos de los niños. Estos están considerados más fuertes físicamente que las niñas desde la temprana edad de la guardería, aunque existe cierto solapamiento y las niñas más fuertes son más fuertes que los niños menos fuertes. Existen jerarquías de dominio en ambos sexos, pero la jerarquía de los chicos tiende a ser más estable (es decir, más acordada entre todos) que la de las niñas.[4]

Quienes enseñan que las niñas y los niños se comportan de manera diferente debido únicamente a la «construcción social» de los llamados roles de género están equivocados. Estas ideologías radicales han politizado la diferencia de género y, al hacerlo, han causado un incalculable daño cultural y engendrado una agitación innecesaria y un sufrimiento gratuito a las niñas, los niños, las mujeres y los hombres por igual.

Reiteramos: estas diferencias son producto de catorce millones de años de evolución de los primates. Las niñas juegan con muñecas y adoptan conductas cooperativas porque están ensayando su función evolutiva como madres y agentes sociales; los niños juegan a la guerra y adoptan comportamientos competitivos porque están ensayando su función evolutiva como cazadores y protectores. Durante no menos de doscientos mil años de evolución humana, estos rasgos naturales sirvieron para garantizar nuestra supervivencia y la dispersión por el planeta en pequeños grupos de cazadores recolectores que progresivamente formaron tribus y finalmente civilizaciones. Pero el coste o resultado de este *modus vivendi* han sido el conflicto y la violencia sin tregua a escalas cada vez mayores.

La cultura tiene el poder de anteponerse a nuestros rasgos más peligrosos o al menos de canalizarlos en actividades relativamente inofensivas como el deporte, al que William James llamaba el «equivalente moral de la guerra».[5]

Ahora bien, la pregunta eterna sigue siendo la misma: ¿cómo puede protegerse o defenderse una cultura dedicada a la búsqueda de la paz ante una cultura vecina dedicada a la conquista militar?

De la guerra a la paz

IKEDA: Como bien señala, la humanidad todavía no ha encontrado la manera de superar este arraigado y espinoso problema. No sería exagerado decir que la historia de guerras incesantes que padeció la humanidad durante el siglo XX fue causada por el hombre y por su instinto masculino de agresión. La sociedad regida por el orden masculino se ha caracterizado por una cultura de guerra, de poderío y de rivalidad.

Tal como escribe Gandhi, en cuyo movimiento participaron muchas mujeres: «Si por fuerza entendemos el poder moral, en tal caso la mujer es infinitamente superior al hombre.» [...] «Si la no violencia es la ley de nuestro ser, el futuro está en las mujeres.»[6] Si queremos convertir la cultura de guerra en una cultura de paz, será imperioso que ampliemos nuestro respeto a las mujeres y fortalezcamos sus espacios de poder.

MARINOFF: Por supuesto, estoy de acuerdo con usted y con Gandhi, al menos en determinados contextos. Los criminales más violentos y los asesinos en serie más depravados son invariablemente hombres. Mientras que a la mayoría de las mujeres se les puede confiar la crianza de los niños, no puede decirse lo mismo de los hombres.

Al mismo tiempo, no todos los hombres son demonios ni todas las mujeres son ángeles. No obstante, las sociedades dominadas por los hombres también produjeron el Renacimiento italiano, el Alto Barroco, la revolución científica, la Ilustración europea, la Declaración de Independencia de los Estados Unidos y las Conferencias Solvay, entre otros pináculos de logro cultural.

La antropóloga mundialmente famosa Margaret Mead advirtió que si las mujeres se apartaban del hogar, sus poderes demoníacos se desatarían, con el riesgo de convertirse en seres más despiadados y violentos que los hombres.[7] Su predicción pareció confirmarse durante los años setenta y ochenta del siglo XX, cuando las bandas de guerrilla urbana aterrorizaron Europa occidental. De modo similar, durante la guerra de Vietnam, el almirante estadounidense Elmo Zumwalt observó que las mujeres del Vietcong eran combatientes más sanguinarias que los hombres,[8] y seamos conscientes de que Adolf Hitler siempre fue alentado por su compañera Eva Braun, mientras que Jiang Qing, la esposa de Mao Zedong, instigó la Revolución Cultural china que arrasó con la intelectualidad china junto con decenas de millones de vidas.[9]

Así pues, debemos reconocer la importancia global de las normas políticas y sociales y la superior habilidad de las mujeres para ajustarse a ellas. Cuando las normas sean pacíficas, las mujeres ejercerán un mayor efecto sobre la creación y preservación de una cultura de paz.

IKEDA: Todas las teorías sobre las diferencias entre los hombres y las mujeres son generalizaciones. En tal sentido, por supuesto, hay muchas excepciones. Lo importante es descubrir cómo activar y aprovechar positivamente las características extraordinarias de las mujeres, y, al mismo tiempo, convertir el orden actual moldeado por la dominación masculina en una sociedad de mayor armonía y equilibrio entre los géneros. La clave para lograr esta transformación es que los cimientos de la sociedad se apoyen en una filosofía de paz y de respeto a la dignidad y al valor supremo de la vida.

Conozco a infinidad de mujeres sencillas y anónimas, que, basadas en sus convicciones budistas, contribuyen día a día al bienestar de los demás y crean una cultura de paz en la sociedad donde viven. De tanto en tanto, escribo poemas para alentarlas y expresarles mi admiración.

Uno de ellos dice:

> *Joven buda que luchas sin reservas cada día,*
> *olvidando el trajín o el cansancio*
> *para hacer feliz al amigo agobiado*
> *por la pena o el dolor.*
>
> *Corres sincera*
> *a tender una mano fraterna;*
> *no escatimas esfuerzos con tal de ayudar*
> *al camarada que sufre.*
> *¡Y cuán bello*
> *es el aliento incondicional*
> *que brindas y recibes!*
>
> *¡Qué ejemplo ofreces*
> *de auténtica nobleza!*
> *Tu existencia es un tesoro preciado*
> *en el mundo apresurado de hoy.*[10]

La vida de estas mujeres rebosa de bravura, afecto y respeto a sus semejantes. Su conducta altruista —su propio ejemplo de cambio interior, mientras alientan y guían a otros jubilosamente a la felicidad— es, de por sí, un faro de luz en una época confusa y necesitada de filosofía.

En su *Tratado sobre la gran perfección de la sabiduría*, Nagarjuna menciona cuatro virtudes inconmensurables: infinita empatía, infinito amor compasivo, infinita alegría e infinita imparcialidad. Son cuatro expresiones ilimitadas del espíritu de ayudar a los demás. La empatía se refiere a la amistad y al afecto genuinos. El amor compasivo, a la sincera consideración por el otro, que nos lleva a eliminar la causa de su sufrimiento y a acercarle la felicidad. Nagarjuna interpreta que la empatía significa infundir deleite y felicidad a los seres, y que el amor compasivo implica eliminar la aflicción.

La virtud de la alegría infinita es liberar a otros de aquello que los hace sufrir y despertar su alborozo. La imparcialidad es la inclinación a tratar a todos por igual y a trascender sus diferencias.

Para el budismo, un *bodhisattva* es la persona que dedica su existencia al bienestar de los semejantes, basada en el auténtico amor y en la preocupación sincera. Este *bodhisattva* se dedica a la práctica de erradicar el sufrimiento e impartir alegría, mientras batalla denodadamente contra los males e injusticias que hacen daño al pueblo. El budismo enseña que la forma de crear una verdadera cultura de paz es vivir encarnando y poniendo en práctica estas cuatro virtudes inconmensurables.

MUJERES VISIONARIAS

MARINOFF: Los investigadores modernos tienen claro que las mujeres destacan en el cuidado de los demás.[11] Esto sugeriría que se ajustan inmejorablemente al *Tratado sobre la gran perfección de la sabiduría* de Nagarjuna.

Los griegos antiguos eran muy conscientes del poder de la virtud en las mujeres. Aristófanes escribió una obra satírica, *Lisístrata*, en la que las mujeres tratan de establecer la paz negando favores sexuales a los hombres hasta que los hombres se desarmen y dejen de combatir. Esta estrategia, que apela al vicio en lugar de a la virtud, no tuvo éxito.

Antígona, la heroína de la famosa obra de Sófocles, personifica el triunfo de la virtud. Y recordemos que Platón imaginó a las mujeres y los hombres compartiendo el poder político, como virtuosos guardianes de su utópica *República*.

Aun así, me parece que el budismo ha articulado universalmente la teoría y práctica de la virtud como fuerza para la paz. Ahora que las mujeres están más liberadas y ostentan más poder, constatamos empíricamente que sus virtudes se ponen de manifiesto en todos los campos del empeño humano. Las mujeres se han convertido en grandes impulsoras de la reforma social, la justicia y la civilización humanística global.

IKEDA: He tenido ocasión de dialogar con numerosas mujeres inolvidables, algunas líderes de la sociedad; otras, intelectuales. Por ejemplo, Deng Yingchao, quien construyó la nueva China junto a su esposo, el primer ministro Zhou Enlai; Rosa Parks, la célebre activista defensora de los derechos civiles; Valentina Tereshkova, la primera mujer cosmonauta; Wangari Maathai, ambientalista premiada con el Nobel de la Paz; Betty Williams, presidenta de los Centros Mundiales de Protección a los Niños; la célebre historiadora del arte Axinia Djourova, y tantas otras grandes activistas.

Todas ellas me han parecido personas cálidas, bondadosas y tolerantes, y a la vez dotadas de notable valentía e inteligencia, decididas a batallar contra todo aquello que amenace el valor y la dignidad de la vida humana. Encuentro esos mismos valores —sabiduría, sentido de la justicia, renuencia a aceptar el mal, decisión de luchar por lo correcto, perseverancia inquebrantable— en las mujeres de la Soka Gakkai Internacional, que han construido la organización actual y a quienes les debo mi inocultable gratitud.

MARINOFF: Igual que usted, he tenido la suerte de conocer a muchas mujeres destacadas que han desempeñado y desempeñan papeles cruciales en la educación, la organización, el liderazgo y la práctica filosófica, siempre con visión de futuro. Por ejemplo, tengo una deuda de gratitud con la profesora Elaine

Newman, fundadora del Science College en la Concordia University de Montreal; con la profesora Yolanda Moses, ex presidenta del City College de Nueva York; con la doctora Vaughana Feary, cofundadora de la APPA; con Maria Cattaui, ex directora ejecutiva del Foro Económico Mundial; y con la difunta Laura Huxley, música, escritora, reformadora social y esposa de Aldous Huxley. Estas mujeres han hecho del mundo un lugar mejor creando valor para los demás. Todas ellas fueron pródigas al darme ánimos y me enseñaron lecciones inestimables que recordaré de por vida.

LOS HOMBRES, LAS MUJERES Y EL CAMINO

IKEDA: Me conmueve su espíritu de gratitud.

Cuando Nichiren fue perseguido por las autoridades y estuvo a punto de perder la vida, hubo mujeres silenciosas y anónimas que le dieron su respaldo sin pensar en el riesgo que corrían. En los momentos cruciales, las mujeres —y la gente en general— pueden hacer gala de una tremenda fortaleza.

Nichiren elogiaba y admiraba a estas mujeres con palabras del máximo honor, llamándolas sabias y venerables. En un gesto de profunda consideración y respeto, la mayoría de las cartas suyas dirigidas a mujeres sencillas del pueblo están escritas en *hiragana*, que es la escritura fonética más fácil de aprender, para que pudiesen leerlas las personas que no dominaban los caracteres chinos empleados por las clases cultas.

El budismo Mahayana enseña el valor y la igualdad de todos los seres. Nichiren pregunta: «¿No establecen claramente estas interpretaciones que, de todas las enseñanzas expuestas por el Buda a lo largo de su vida, el *Sutra del loto* es supremo, y que, de todas las enseñanzas contenidas en el *Sutra del loto*, la primordial es la que establece el logro de la Budeidad en las mujeres?»[12]

Nichiren hablaba a sus seguidoras sobre la niña dragona —cuya historia aparece en el *Sutra del loto*—, quien al manifestar la Budeidad demostró que todas las mujeres podían lograr la iluminación. La heroína de este relato es la hija del Rey Dragón, quien, además de su corta edad —pues tiene ocho años—, es hembra y vive en el mundo de la Animalidad. Algunos sugieren que su figura simboliza a las personas más discriminadas de la antigua sociedad india, el contexto original en que se predicó el *sutra*. En respuesta a la confianza que su maestro Shakyamuni ha depositado en ella, anuncia con osadía que se dispone a lograr la iluminación e invita a toda la asamblea a presenciarlo. Como prueba de su Budeidad, se muestra en forma gloriosa y expone la Ley Mística en beneficio de todos los seres animados.[13]

La Budeidad de la hija del Rey Dragón conlleva implícita la idea de que todos, sea cual fuere nuestro género o nuestro origen, poseemos el infinito potencial de la naturaleza de Buda en forma innata. Es una historia sublime, que revela ante todos el desarrollo de nuestra naturaleza más excelsa.

MARINOFF: Que todos podamos hacerlo, mujeres y hombres por igual, indica que somos parte de la misma humanidad. Pues aunque la naturaleza haya establecido que nuestra especie (entre innumerables más) debe manifestarse en dos formas complementarias —macho y hembra—, ambas son manifestaciones de una única cosa: humanidad.

Así como el *yin* y el *yang* surgen del Tao, las mujeres y los hombres de toda nación, etnia y cultura comparten una fuente común. Esto también es el manantial de nuestras ilimitadas posibilidades, alcanzables por todos los que tienen la suerte de nacer humanos y se esfuerzan en seguir el camino hacia la Budeidad.

IKEDA: Precisamente. La niña dragón manifiesta su Budeidad —el aspecto más elevado y puro de su ser, es decir, el estado de Buda interior— y lo hace como una persona íntegramente consagrada a enseñar la Ley a los demás. Esto indica que la conducta de los *bodhisattvas*, quienes también se dedican a ayudar a los semejantes, en realidad es expresión de su propio estado de Buda.

Cuando la niña dragona anuncia públicamente que ha logrado la iluminación, en verdad está declarando que en todos los seres, sin excepción, existen el amor compasivo y la sabiduría necesarios para encender la antorcha de la esperanza y el coraje en los otros, y para despertar en ellos la fortaleza de vivir superando todas las limitaciones.

MARINOFF: Las buenas obras, las palabras amables, los corazones compasivos y las mentes despiertas no son macho o hembra; más bien son humanos. La bondad, la amabilidad, la compasión y el despertar trascienden todas las diferencias.

IKEDA: ¡Exactamente! Alentar a la gente y actuar de manera solidaria son decisiones independientes de la posición social, la riqueza o el nivel educativo. En la vida de cada ser humano existe un potencial asombroso e incalculable. En tal caso, la filosofía, la educación y la práctica religiosa existen para que cada persona pueda elevar su condición humana a la máxima expresión, fiel a su propia identidad y a su forma de ser.

Decimosexta conversación
Aliviar el sufrimiento e infundir alegría

IKEDA: Los viajes son oportunidades de entablar nuevos encuentros. Y estos diálogos abren nuevas rutas en nuestra vida. Como filósofo de acción, usted ha recorrido el mundo hablando sobre filosofía. ¿Cuántos países ha conocido?

MARINOFF: Durante la década pasada efectué más de sesenta viajes a países de las Américas y de Europa. En Oriente Próximo he visitado Egipto, Israel y los Emiratos Árabes Unidos; en Asia, Australia, China, Japón, Singapur, Corea del Sur, Taiwán y el Tíbet. He enviado mis libros a muchos africanos subsaharianos que han escrito pidiéndolos, y las solicitudes más recientes que he recibido provienen de Mauricio, Sudáfrica y Zimbabue.

IKEDA: Supe que, hace poco, también ha estado en Costa Rica, Chipre, Suecia y España... El gran interés que despierta su asesoramiento filosófico parece indicar que muchas personas buscan paradigmas orientadores y principios que den sentido y propósito a su vida.

Precisamente en esta época de turbulencia política y económica, el intercambio filosófico adquiere su verdadero valor. En un mundo inestable, el diálogo colaborativo para encontrar formas más sabias de vivir puede ser un buen camino para la superación personal y la convergencia entre seres humanos.

Estoy seguro de que muchos lugares y personas que conoció en el transcurso de sus viajes habrán dejado una huella indeleble en usted... ¿Qué parte de Canadá, su tierra natal, es la que más le agrada?

MARINOFF: Todos los países que he visitado tienen paisajes bonitos y personas impresionantes. Guardo maravillosos recuerdos de todos ellos. Mis dos visitas al Japón para reunirme con usted (2003 y 2007) han sido especialmente memorables.

En mi país, me decantaría por el Canadá atlántico, igual que muchos japoneses que viajan a la isla del Príncipe Eduardo para conocer de primera mano los escenarios descritos en *Ana de las tejas verdes* [también conocido en algunos países como *Ana de las praderas*].

IKEDA: En 2008, cuando se cumplieron cien años de la publicación de esta célebre novela, muchos turistas visitaron la isla del Príncipe Eduardo. Los libros de L. M. Montgomery —en especial, *Ana de las tejas verdes*— han alcanzado gran popularidad en mi país. Yo también, en mis textos destinados a los jóvenes, me refiero con frecuencia a la postura valiente y alegre con que la protagonista enfrenta la vida.

La doctora Elizabeth R. Epperly, rectora de la Universidad del Príncipe Eduardo, es una destacada especialista en la obra de Montgomery. Coincido con ella en que el mundo que describe esta novela es tan apreciado, entre otras razones, porque representa un mensaje de esperanza ante la adversidad. La doctora Epperly también piensa que *Ana de las tejas verdes* transmite una importante moraleja: que debemos buscar el hogar en nuestro propio corazón. Como ella explica, todos venimos al mundo solos, como seres individuales: «huérfanos», por así decirlo. Cuando encontramos el hogar dentro de nosotros mismos —o, dicho de otro modo, cuando encontramos allí nuestra razón de vivir—, podemos establecer una firme identidad y cultivar un corazón abierto que nos permita crear amistades con todas las personas que conocemos.

En este sentido, la historia de Ana explora la forma de construir una comunidad ideal. El optimismo, la generosidad y la actitud positiva son cualidades muy importantes para vivir como ciudadanos del mundo, dice Epperly. Creo que la suya es una interpretación muy sugestiva de la obra de Montgomery.

MARINOFF: El planteamiento de Epperly resulta persuasivo. La mayoría de nosotros devenimos huérfanos, pues con el tiempo sobrevivimos a nuestros padres, y por lo general terminamos viviendo en varios o muchos lugares a lo largo de la vida. Sin embargo, nuestra búsqueda fundamental como seres humanos que somos es en pos de un hogar espiritual dentro de nosotros y de una comunidad fuera. De modo que tal vez *Ana de las tejas verdes* esté alcanzando la madurez como modelo de ciudadanía global.

La belleza de Canadá

IKEDA: El crecimiento debería producir satisfacción, alegría y esperanza. *Ana de las tejas verdes* es un valioso obsequio de su tierra natal a todos los jóvenes de mente inquieta.
Pero hablemos un poco más de su país. Además de sus tesoros literarios, Canadá tiene inmensas riquezas naturales...

MARINOFF: En el oeste, me decanto por las majestuosas Montañas Rocosas y la exquisita geografía de la provincia de Columbia Británica, con sus abetos gigantes, la escarpada costa del Pacífico y los jardines ingleses de la isla de Vancouver. Mi región predilecta es mi provincia natal de Quebec, cuyos bosques de hoja caduca, colinas onduladas, serpenteantes ríos y lagos de agua cristalina fueron el paraíso de mi juventud. Cada primavera, su espíritu me hace señas para que regrese.
¿Usted ha visitado Canadá?

IKEDA: Sí, en tres ocasiones. Vancouver, Toronto y Montreal me han parecido magníficas ciudades. Y me sorprendió muy gratamente descubrir cuánto aprecian la naturaleza los canadienses. Los escenarios naturales, en Canadá, son de escala mucho más grande e imponente que en el Japón. Por supuesto, no hay cómo olvidar las cataratas del Niágara.

Pero lo que más me maravilló fue la personalidad de mis amigos canadienses. En 1993, después de dar mi disertación en la Universidad de Harvard, viajé a Montreal para participar en una actividad con los miembros de la Soka Gakkai Internacional. Recuerdo claramente la alegría de todos cuando, justo al término de la reunión, un arco iris gigante atravesó el bello cielo azul.

Como pequeña prenda de gratitud a mis amigos canadienses por su continua labor, escribí este breve poema:

> *Un sublime arco iris*
> *nos corona de fulgor colorido;*
> *sobre la tela del firmamento,*
> *la escena de un cuento de hadas.*[1]

Quebec, la provincia donde usted nació, también me ha parecido un sitio estupendo, donde no solo es bello el paisaje, sino también el corazón de sus habitantes.

MARINOFF: Ciertamente, el paisaje canadiense es idílico. Me alegra que lo haya disfrutado y que también haya visitado las principales ciudades de Canadá.

Quebec tiene el sobrenombre de *La Belle Province*, la Bella Provincia. Su isla de Montreal, que lleva el nombre del volcán extinto que la creó (Monte real, o *Mont Royal* en francés), es mi ciudad natal. Gracias a su legado cultural francés y británico, Montreal es la ciudad más europea de América del Norte.

IKEDA: Eso tengo entendido. Imagino que, en sus viajes, habrá tomado contacto con muy distintas culturas y regiones. En su experiencia con la diversidad regional y cultural, ¿ha necesitado tomar algunos recaudos?

MARINOFF: Como usted dice, cada nación —cada cultura— tiene su propio clima filosófico distintivo. Estos climas siguen evolucionando con el tiempo, aunque despacio. Puesto que la filosofía es un viaje que suele comenzar con ideas que nos resultan familiares pero con frecuencia nos lleva a otras que nos son desconocidas, intento entender las suposiciones de fondo y la visión del mundo de cada región y cultura concretas. Si empezamos a filosofar desde un punto de vista conocido o establecido, luego resulta más fácil introducir nuevas ideas.

Así pues, al plantar semillas filosóficas en diferentes suelos, hay que tener en cuenta, como es natural, el etos y las tradiciones autóctonos. Esto permite que las semillas germinen y que las plantas florezcan.

El sabor de la liberación

IKEDA: Ha sido un enfoque muy sagaz de su parte. Nichiren escribe:

> Debe comprenderse de manera correcta el factor del país. La mentalidad del pueblo varía según su tierra. [...] Hasta las plantas y los árboles, desprovistos de mente, cambian de acuerdo con el sitio en que viven. ¡Cuánto más cambiarán en función del lugar los seres humanos, que sí la poseen![2]

Ninguna filosofía puede echar raíz si ignora las características culturales y étnicas. El budismo postula el principio de adaptar las normas a la idiosincrasia del lugar (en japonés, *zuiho bini*). *Zuiho* significa «en concordancia con el lugar». *Bini* es parte de un vocablo japonés que denota las normas o reglas de autodisciplina budista y, por extensión, todo precepto de conducta correcta que deba observarse en la vida diaria.

En otras palabras, la mejor forma de transmitir las enseñanzas budistas es respetando las tradiciones, costumbres e idiosincrasia del lugar y la época, siempre y cuando esta adaptación no implique transgredir los principios budistas esenciales de sabiduría y amor compasivo. Cuando se respetan las tradiciones culturales de una sociedad y se busca aprender de ellas, es más fluida la comunicación y más fácil el entendimiento mutuo. El propósito es adecuarse a las distintas condiciones culturales y permitir que germinen nuevas semillas, para que todas las partes involucradas puedan crecer. Solo entonces florece la creación de nuevos valores.

Usted ha asesorado a muchas personas necesitadas de resolver problemas personales. ¿Ha adaptado su práctica filosófica para adecuarla a los distintos países y culturas?

MARINOFF: Está sacando a colación un aspecto muy importante, que da cuenta del actual trasplante del budismo en muchos y muy variados suelos y climas de todo el mundo. De modo similar, en mi trabajo trato de llevar a cabo con cada uno de mis clientes una exploración filosófica de su paisaje mental. A la visión del mundo que tiene una persona no solo le han dado forma las normas y los valores compartidos a nivel local, sino también sus experiencias en la vida como individuo, que sin duda contendrán rasgos muy personales. Mi planteamiento consiste en centrar cada investigación en la mente del que pregunta, teniendo en cuenta el trasfondo cultural y las opiniones personales de la persona en cuestión.

Aun así, y a pesar de todas estas diferencias, todos somos humanos. Por consiguiente, la esencia de la naturaleza humana y también la esencia de la felicidad y el sufrimiento humanos comparten un común denominador en todo el mundo, independientemente de la cultura. ¿Acaso no dijo Shakyamuni que los vastos océanos solo tienen un sabor, el «sabor salado universal»? Yo también me he encontrado con que, pese a todas las diferencias que existen entre los pueblos, el sufrimiento humano también tiene «un sabor» que trasciende cualquier otra distinción.

Sí, existen distintas maneras de reaccionar al sufrimiento en función de la cultura y el país, y algunas de ellas, por desgracia, exacerban el problema. Pero el *Dharma* tiene un único sabor, el sabor de la liberación, que felizmente trasciende las diferencias nacionales y culturales.

IKEDA: Somos seres humanos: nada más y nada menos. El budismo aspira a que todas las personas derroten los sufrimientos inherentes a la condición humana, las aflicciones del nacimiento, la enfermedad, la vejez y la muerte. Además, busca disipar la ignorancia fundamental que es la causa raíz de la infelicidad y la desdicha. Una vez más, el budismo busca aliviar el padecimiento e infundir alegría a todos, y estos objetivos no se detienen ante fronteras geográficas o diferencias étnicas.

En el tratado *Sobre el establecimiento de la enseñanza correcta para asegurar la paz en la tierra*, Nichiren pregunta: «Si a usted le importa su seguridad personal, debe ante todo orar por el orden y la tranquilidad en los cuatro sectores del territorio, ¿no lo cree así?»[3] Si desea la felicidad y la paz espiritual, primero debe procurar «el orden y la tranquilidad en los cuatro sectores del territorio»... Dicho de otro modo, trabajar por la estabilidad social y la paz del mundo. El budismo enseña que la felicidad personal y la paz mundial son dos caras de una misma moneda.

Los ciudadanos globales del mañana necesitarán ver las cosas desde una perspectiva mundial, y orar y actuar por la felicidad propia y ajena al mismo tiempo.

MARINOFF: La interconectividad que ha posibilitado la globalización pone de relieve los principios básicos del budismo. Por ejemplo, la cobertura periodística mundial del sufrimiento humano en una región concreta puede estimular una reacción rápida y compasiva desde los cuatro cuadrantes, como, por ejemplo, tras el devastador tsunami que inundó el sur de Asia en diciembre de 2004.

A la inversa, el sufrimiento no resuelto en una parte del mundo puede tener graves repercusiones en otra parte, tal como la aldea global lo aprendió, para su horror, el 11 de septiembre de 2011. Por consiguiente, la globalización no logrará tener éxito salvo si adopta una visión esclarecida de la humanidad como la que propugna el budismo.

Arrancar la flecha

IKEDA: En la sociedad globalizada de hoy, los contactos interpersonales y el intercambio de bienes y de información se multiplican a ritmo vertiginoso. Esto incrementa y fortalece los vínculos que nos relacionan con otras personas. Por lo tanto, como usted bien sugiere, la cuestión esencial es cómo expandir un profundo encuentro espiritual y promover la empatía.

Los numerosos problemas que afectan a la sociedad y a la humanidad nos están uniendo en una red de lazos a veces imperceptibles en torno a intereses comunes. Para crear un mundo de paz y de simbiosis, necesitamos fortalecer tales relaciones a través de un intercambio espiritual más profundo, que permita compartir con nuestros semejantes las tristezas y alegrías.

La vida, en sí, es ese gran punto de convergencia que todos tenemos en común, y es también el más profundo y abarcador. Por tanto, el budismo busca esclarecer la vida y ponerla en un lugar central.

MARINOFF: Para quienes tienen acceso, internet y el ciberespacio trascienden las fronteras políticas y otras barreras tradicionales, uniendo personas y redes en contextos globales. Ya no cabe decir que existen lugares remotos en la tierra.

Creo que las experiencias cotidianas de la gente pueden ser los profesores de identificación universal más efectivos. A medida que la globalización evoluciona, posibilitando la diseminación de productos e ideas de todas las culturas del mundo, cada vez serán más los «vínculos imperceptibles» que no solo devendrán visibles sino también palpables, convenciendo a la gente de nuestra conectividad.

Como un guijarro lanzado a una charca, cuyas olas se propagan en todas direcciones, cada persona ejerce un efecto ondulatorio en su entorno inmediato, que a su vez se propaga a través del nexo social y, en última instancia, cósmico. En la medida en que la gente sea más consciente de su influencia causal sobre este nexo, sin duda optará por ejercer una influencia más benéfica y menos nociva.

IKEDA: Usted describe lo que el budismo denomina «origen dependiente». En *El ABC de la felicidad*, observa que para superar las antinomias del mundo debemos unirnos en torno a la pertenencia al género humano, que es lo que todos tenemos en común. Yo también considero que esa base mancomunada es el punto de partida para superar las diferencias y crear profundos lazos espirituales.

Shakyamuni estableció que la causa de todos los conflictos humanos es nuestro apego a las diferencias. Esta obsesión es lo que da lugar a los enfrentamientos tribales y a los sentimientos nacionalistas, entre otras cosas. Esta inclinación es, por así decirlo, la tendencia profunda a la discriminación, a dividir a las personas en términos de «yo» y «tú», de «nosotros» y «ellos». Estas distinciones abstractas luego se cosifican en conductas concretas. Shakyamuni observa: «Percibí una sola flecha invisible clavada en el corazón del ser humano.»[4] Esa saeta es el apego compulsivo a las diferencias, que perfora la dimensión más íntima del ser. Por eso, el Buda insistía en que cada uno debía buscar y arrancar esa flecha en su propio corazón.

MARINOFF: El concepto clave es la trascendencia. Biológicamente, los seres humanos somos una única especie, pero, durante mucho tiempo, la selección natural favoreció la dispersión humana por medio de tribus competitivas y con frecuencia hostiles. Las culturas religiosa y política presentan una desafortunada tendencia a agrandar los tótems del tribalismo, describiendo la propia tribu (por ejemplo, la nación o religión) como superior y menospreciando a otras tribus que considera inferiores o infrahumanas.

En cambio, un verdadero ciudadano global ve a todos los seres humanos no solo como una única especie desde un punto de vista biológico, sino también como una única comunidad mundial. Solo una filosofía trascendente puede inculcar esta visión. Tal filosofía debe enseñar a la gente que la diversidad cultural produce bellos paisajes mentales humanos, tal como la diversidad geográfica produce bellos paisajes naturales. Es decir, la ciudadanía global requiere una filosofía que respete y valore las culturas locales y que al mismo tiempo las trascienda a fin de unificar a la humanidad.

Alinear el corazón y la mente

IKEDA: Esa es la idea... Históricamente, los grupos étnicos han desarrollado sus propios valores, culturas y tradiciones espirituales sobre la vida y la muerte. Pero, al tomar contacto con grupos de distintas identidades, el énfasis en aquello que los diferenciaba de las otras colectividades fue dando lugar a fricciones y recelos. La cuestión es cómo superar esta fijación por la diferencia y construir un cimiento común a todos los grupos e individuos.

Siempre he hecho hincapié en la universalidad interior como común denominador. El budismo enseña que en todos los individuos hay una universalidad inherente: nuestra igualdad como seres humanos y la dignidad de la vida que es intrínseca a todos. Cuando nos basamos en este cimiento, podemos trascender todas las formas de discriminación étnica, cultural y religiosa, y superar el apego a las diferencias.

Nichiren aclara este punto mencionando la floración singular y distintiva de los árboles frutales.[5] El cerezo, el ciruelo, el melocotonero y el albaricoquero expresan su belleza con flores de distintas formas y aromas, pero cuando todos florecen, realzan y adornan el huerto. De la misma manera, cuando cada persona exhibe plenamente su valor singular y su personalidad distintiva, se construye una sociedad caracterizada por la abundancia de valores diversos y complementarios.

El globalismo y el universalismo parecen trascender los marcos étnicos y nacionales, pero lo hacen solo de manera superficial y externa. Uno de los efectos perniciosos de este proceso es que la globalización económica ha vuelto más grande y profunda la brecha entre los países y regiones ricos y pobres. A la vez, el globalismo puede disparar nuevos conflictos en la medida en que ignora el sustrato común e igualitario de toda la humanidad, y crea jerarquías basadas en valores y criterios de tipo superficial y externo.

MARINOFF: Lamentablemente, la globalización económica ha dado lugar a situaciones polarizadas de las que unas naciones y regiones obtienen una prosperidad enorme mientras que otras se quedan todavía más atrás. Tal como usted dice, esto solo puede acarrear nuevos conflictos. Estoy convencido de que el desarrollo económico no basta por sí mismo para unir a la humanidad en un todo vital. Paralelamente, debemos inculcar el correspondiente conjunto de virtudes humanas trascendentales.

En otras palabras, la globalización quizá logre alinear los apetitos humanos universales y disminuir las pertinaces oleadas de conflictos religiosos y políticos que han inundado a inocentes en todos los siglos. Pero junto con la alineación de los apetitos humanos también debemos alinear los corazones y las mentes humanas. La globalización ha creado el marco para ello, pero la tarea recae ante todo sobre los dirigentes, educadores y filósofos que pueden hacer resaltar las mejores cualidades de la humanidad y poner freno a las peores.

La religión en una civilización global

IKEDA: Un verdadero indicador del progreso cultural sería la medida en que estamos activando nuestros recursos interiores positivos y empleándolos en beneficio de todas las personas.

En nuestro diálogo, a la hora de analizar las relaciones entre la religión y la civilización, Toynbee observa: «Creo que el tipo de cada civilización se expresa en sus creencias religiosas. Estoy de acuerdo, sí, en que la religión ha sido la fuente de vitalidad que motivó el nacimiento de las civilizaciones y que las mantuvo con vida.»[6] Creo que, a partir de este punto, la religión debe ser esa fuente generadora de una nueva civilización global, y que para ello debe extraer y poner en juego lo mejor de cada uno de sus practicantes. De cara al futuro, entiendo que será cada vez más importante asegurar que la religión cumpla este papel.

MARINOFF: Estoy de acuerdo con usted y con Toynbee en lo que atañe a esa relación. Dado que una nueva civilización debe ser inclusiva y global, a mi juicio ninguna creencia que ate a sus adeptos a deidades externas y sobrenaturales puede promover tal civilización. El mundo ya ha sido testigo del modo en que han evolucionado varias de estas creencias. Aunque todas sostienen que se fundamentan en el amor universal, y si bien cabe encontrar exponentes de ese amor en su seno, algunos de los crímenes más abyectos contra la humanidad se han cometido en nombre de esas deidades.

La fuerza vinculante de una nueva religión civilizadora debe ser interna, no externa. Su misión filosófica debe tener dos aspectos: primero, ayudar a las personas a canalizar su capacidad de veneración, apartándola de deidades abstractas externas y dirigiéndola hacia la manifestación concreta de la nobleza y la grandeza innatas de cada persona; y segundo, ayudar a trabajar a nuestras instituciones sociales y políticas de modo que promuevan esta inquietud secular y humanística.

IKEDA: Las dos misiones que usted describe son como las ruedas de un carro; el eje que las une debe ser un próspero humanismo.

La mirada budista se dirige hacia dentro. En las honduras de la vida, descubre un cosmos interior. En otras palabras, busca la universalidad intrínseca que todos los seres tienen en común. Esa exploración interior comienza por el individuo y luego se extiende a la familia, el grupo étnico, el país, el género humano y todas las formas de vida planetarias, para culminar en una conciencia del principio esencial que subyace a todo el universo.

En cada individuo hay una cualidad prodigiosa e insondable, que se fusiona con la Vida universal y participa de la Ley fundamental. Esta naturaleza de Buda se caracteriza por una grandeza, un valor y una dignidad que trascienden todas las diferencias externas; sería la manifestación de esas «virtudes humanas trascendentales» que usted describe. Abarca los méritos del Camino Medio y de la proporción áurea; incluye asimismo la filantropía y las virtudes del amor compasivo, la justicia, la valentía. En verdad, engloba todas las virtudes. Ellas nos permiten controlar nuestros deseos e integrar armoniosamente el intelecto y el corazón.

MARINOFF: Aunque el budismo llegó hace relativamente poco a Occidente, algunos filósofos occidentales influyentes, como Sócrates, Platón y Aristóteles, anticiparon fragmentos significativos de las trascendentes enseñanzas del Buda. Los griegos antiguos se esforzaron por armonizar los tres componentes del alma secular: la mente racional, el corazón emotivo y el instinto deseante. Entendieron la importancia crucial de inculcar virtudes, sin las cuales no somos mejores que los animales salvajes. De hecho, cada vez que las civilizaciones se olvidan de trascender las diferencias superficiales, sucumben a la disensión, la injusticia y la violencia.

Gracias a la globalización es posible, por primera vez en la historia de la humanidad, inculcar virtudes verdaderamente universales, ayudando así a la humanidad a alinearse con el cosmos. Considero que el budismo tiene un papel clave que desempeñar en este proceso.

IKEDA: Y bien, entonces, ¿de qué manera puede el budismo Mahayana contribuir a la civilización del siglo XXI? En la conferencia que dicté en la Universidad de Harvard en 1993, sinteticé tres aspectos esenciales: puede ser la vertiente que nutra la creación de la paz; puede establecer un paradigma que restablezca el humanismo, y puede sustentar la coexistencia simbiótica de todas las formas de vida.

Lo que determinará que nuestra civilización florezca o se extinga, encuentre la felicidad o se hunda en la desdicha, no solo son las revoluciones y las reformas externas, sino, antes que eso, la revolución interior: la transformación de nuestras ideas sobre la Vida, el nacimiento y la muerte. Esto será particularmente válido en lo que resta de este siglo.

Y creo, además, que el esfuerzo cotidiano de los miembros de la Soka Gakkai Internacional en su movimiento de revolución humana, basados en el respeto al valor y a la dignidad de la vida, será una contribución importantísima en esta dirección. Este movimiento popular, que hoy florece en 192 países y regiones, comienza por el cambio interior del individuo y proyecta ondas expansivas de vitalidad, armonía y simbiosis a la sociedad y al planeta, con el fin de crear una nueva civilización mundial. Al mismo tiempo, yo lo considero un movimiento filosófico tendiente a restaurar en los seres humanos la noble espiritualidad y la religiosidad que se han ido perdiendo en la oscura estela de la civilización materialista.

Una transformación interior

MARINOFF: Habiendo experimentado y presenciado una y otra vez los importantes efectos —para bien y para mal— de actitudes y creencias, principios e ideas sobre la condición humana, no puedo sino asombrarme ante su misión, visión y logros al servicio de la revolución humana. Nunca se insistirá lo suficiente en la importancia de la transformación interna para alcanzar la paz, la prosperidad y la simbiosis. Usted y la Soka Gakkai Internacional son dignos de encomio y merecen suma gratitud por generar y promover este tipo de transformación para tanta gente de todo el mundo.

IKEDA: Le agradezco que nos aliente con su profunda comprensión. El valor de la filosofía sobre la felicidad humana que ambos hemos explorado en este diálogo se pone de manifiesto en acciones para crear una sociedad de simbiosis. Esta restauración será un verdadero renacimiento filosófico.

La conciencia ciudadana global debe fundamentarse en una valiente filosofía de la acción, basada en el convencimiento y en el compromiso de trabajar juntos para poner en acción la bondad inherente a nuestra vida. En dicha filosofía palpita un profundo amor compasivo. Pero ese amor compasivo a los semejantes no puede manifestarse sin valentía.

Como practicante de la filosofía y ciudadano del mundo, estoy resuelto a seguir avanzando junto a usted, doctor Marinoff, para hacer posible un renacimiento de la vida y de la humanidad. Le estoy profundamente agradecido por la valiosa oportunidad que este diálogo ha significado para mí. Muchísimas gracias.

MARINOFF: No hay de qué, presidente Ikeda. Ha sido un privilegio extraordinario entablar esta conversación con usted; una experiencia que me dará mucho que pensar y tal vez me cambie la vida. Nuestro encuentro ha mejorado en buena medida mi práctica filosófica, cosa que a su vez ha redundado en beneficios palpables para los demás. Son muchos los que le deben una profunda gratitud.

Espero que nuestra exploración de la filosofía, el budismo y la globalización aliente e inspire a los lectores a redoblar su compromiso de convertir este mundo en un lugar mejor para todos. Correspondo a su férrea determinación y disposición para que sigamos colaborando en la búsqueda de una nueva era de renacimiento humano.

Acerca de Dialogue Path Press

Dialogue Path Press es la editorial del Centro Ikeda para la Paz, el Conocimiento y el Diálogo, dedicada a publicar títulos que promuevan el diálogo intercultural y fomenten un mayor florecimiento humano en los años venideros. Antes de la creación de Dialogue Path Press, el Centro Ikeda produjo y publicó libros en colaboración con editoriales como Orbis Books, Teachers College Press y Wisdom Publications. Hasta la fecha (2012), estos títulos, centrados en temas de educación y ética globales, se han utilizado en más de ochocientos cursos terciarios y universitarios. *El filósofo interior: Conversaciones sobre la capacidad transformadora de la filosofía* es el tercer título publicado por Dialogue Path Press después de *Into Full Flower: Making Peace Cultures Happen* en 2010 y *Creating Waldens: An East-West Conversation on the American Renaissance* en 2009.

Acerca del Centro Ikeda

El Centro Ikeda para la Paz, el Conocimiento y el Diálogo es una institución sin ánimo de lucro fundada por el pensador budista Daisaku Ikeda en 1993. Sito en Cambridge, Massachusetts, el Centro convoca a diversos académicos, activistas e innovadores sociales a trabajar en la búsqueda de ideas y soluciones que contribuyan a la evolución pacífica de la humanidad.

Los programas del Centro Ikeda comprenden foros públicos y seminarios académicos en colaboración con otras instituciones, en los cuales se ofrece un abanico de perspectivas sobre asuntos clave de la ética global. Originalmente conocido como Centro Bostoniano de Investigaciones para el Siglo XXI, a partir de 2009 pasó a llamarse Centro Ikeda.

Para más información, visite *www.ikedacenter.org*

APÉNDICE 1

Obras selectas

DAISAKU IKEDA (en español)

El Buda viviente, trad. Paula Tizzano, Emecé Editores, Buenos Aires, 2006 (primera edición, 1989).

Un nuevo humanismo, trad. Paula Tizzano, Fondo de Cultura Económica, México, 1999.

Develando los misterios del nacimiento y la muerte, trad. Paula Tizzano, Emecé Editores, Buenos Aires, 2006.

Con Arnold J. TOYNBEE: *Elige la vida*, trad. Paula Tizzano, Emecé Editores, Buenos Aires, 2005 (primera edición, 1980).

Con Aurelio PECCEI: *Antes de que sea demasiado tarde*, trad. Bernardo Moreno Carillo, Taurus, Barcelona, 1985.

Con René HUYGHE: *La noche anuncia la aurora*, trad. Alberto Luis Bixio, Emecé Editores, Buenos Aires, 1985.

Con Bryan WILSON: *Los valores humanos en un mundo cambiante. Diálogo sobre el papel social de la religión*, trad. Mónica Vila Echagüe, Emecé Editores, Buenos Aires, 1993.

Con Linus PAULING: *En busca de la paz*, trad. Paula Tizzano, Emecé Editores, Buenos Aires, 1995.

Con Cintio VITIER: *Diálogo sobre José Martí, el Apóstol de Cuba*, ed. Imeldo Álvarez García, Centro de Estudios Martianos, La Habana, 2001.

Con Patricio AYLWIN: *Alborada del Pacífico*, ed. Masaru Shimizu, Fundación Konrad Adenauer / Universidad Miguel de Cervantes, Santiago de Chile, 2002.

Con Ricardo DÍEZ HOCHLEITNER: *Un diálogo entre Oriente y Occidente. En busca de la revolución humana*, trad. Lara Padilla, Galaxia Gutemberg, Barcelona, 2008.

Con Adolfo PÉREZ ESQUIVEL: *La fuerza de la esperanza. Reflexiones sobre la paz y los derechos humanos en el tercer milenio*, Emecé Editores, Buenos Aires, 2011.

Para más información, visite: *http://www.daisakuikeda.org/sub/books/*
http://www.daisakuIkeda.org/sub/books/books-by-category.html.

APÉNDICE 2

Obras selectas

de LOU MARINOFF

Más Platón y menos Prozac: Filosofía para la vida cotidiana, trad. Borja Folch, Ediciones B, Barcelona, 2000.

Philosophical Practice [La consejería filosófica], Elsevier, Nueva York, 2001.

Pregúntale a Platón: Cómo la filosofía puede cambiar tu vida, trad. Gloria Sanjuán Castaño, Ediciones B, Barcelona, 2003.

El ABC de la felicidad. Aristóteles, Buda y Confucio, trad. Daniel Cortés y Rosa Pérez, Ediciones B, Barcelona, 2006.

El poder del Tao, trad. Borja Folch, Ediciones B, Barcelona, 2011.

Para más información, visite: *http://www.loumarinoff.com/books.htm.*

Notas

PRIMERA CONVERSACIÓN
LA FILOSOFÍA COMIENZA A PARTIR
DE NUESTRAS PREGUNTAS

1. Este diálogo se publicó por primera vez en japonés, en entregas consecutivas, en la revista *Pumpkin*, entre junio de 2008 y octubre de 2009.
2. MARINOFF, Lou: *Más Platón y menos Prozac. Filosofía para la vida cotidiana*, trad. Borja Folch, Ediciones B, Barcelona, 2004.
3. HUGO, Victor: *Things Seen*, The Colonial Press Co., Nueva York, 1887, p. 140. [Hay edición en español: *Cosas vistas*, trad. J. M., Sopena Editores, Barcelona, c. 1912.]
4. La práctica de la ofrenda o limosna es uno de los seis *paramitas* que deben llevar a cabo los *bodhisattvas* para lograr la Budeidad. (Fuente: *The Soka Gakkai Dictionary of Buddhism*, Soka Gakkai, Tokio, 2002, pp. 611-612.)
5. Nichiren (1222-1282) es el fundador de la tradición budista basada en el *Sutra del loto*, que propone como práctica cotidiana la recitación del mantra o frase Nam-myoho-renge-kyo. La Soka Gakkai Internacional se basa en las enseñanzas de Nichiren. (Fuente: *The Soka Gakkai Dictionary of Buddhism*, ed. cit., p. 439.)
6. NICHIREN: *The Record of the Orally Transmitted Teachings* [Registro de las enseñanzas transmitidas oralmente], trad. Burton Watson, Soka Gakkai, Tokio, 2004, p. 115.

7. NICHIREN: *Carta desde Sado*, en *Los escritos de Nichiren Daishonin*, trad. Paula Tizzano y otros, Herder, Barcelona, 2008, p. 302.
8. *Ib.*, p. 303.
9. NICHIREN: *Sobre las persecuciones acaecidas al venerable*, en *Los escritos de Nichiren Daishonin*, p. 1043.
10. IKEDA, Daisaku: «Graduation remarks» [Palabras a los graduados], en *World Tribune*, 18 de mayo de 2007, p. 2.
11. MARINOFF, Lou: *Pregúntale a Platón: Cómo la filosofía puede cambiar tu vida*, trad. Gloria Sanjuán Castaño, Ediciones B, Barcelona, 2000, p. XII.
12. NICHIREN: *The Writings of Nichiren Daishonin*, vol. II, Soka Gakkai, Tokio, 2006, p. 844.
13. NIETZSCHE, Friedrich Wilhelm: *The Portable Nietzsche* [Nietzsche portátil], ed. y trad. Edward Kaufmann, Penguin Books, Nueva York, 1954 (1982), p. 126.
14. IKEDA, Daisaku: *Discussions on Youth* [Conversaciones sobre la juventud], World Tribune Press, Santa Monica, California, 2010, vol. 2, pp. 87-88.

SEGUNDA CONVERSACIÓN
EL AGRADECIMIENTO A NUESTROS PADRES

1. MARINOFF, Lou: *El ABC de la felicidad. Aristóteles, Buda y Confucio*, trad. Daniel Cortés y Rosa Pérez, Ediciones B, Barcelona, 2006.
2. KHAYYAM, Omar: *The Rubáiyát of Omar Khayyam: The Astronomer Poet of Persia*, quatrain XXVIII, trad. Edward FitzGerald, John C. Winston, Filadelfia, 1889, p. 34. [Hay edición en español: *Robayyat*, ed. bilingüe, trad. Zara Behnam y Jesús Munárriz, Hiperión, Madrid, 1993.]
3. CONFUCIO: *The Analects of Confucius*, trad. Burton Watson, Columbia University Press, Nueva York, 2007, p. 50. [Hay edición en español: *Analectas*, versión y notas Simón Leys, Edaf, Madrid, 2011.]

4. GORBACHOV, Mijaíl y Daisaku IKEDA: *Moral Lessons of the Twentieth Century* [Las lecciones morales del siglo XX], I. B. Tauris, Londres, 2005, p. 14.
5. NICHIREN: *El sutra de la verdadera retribución*, en *Los escritos de Nichiren Daishonin*, ed. cit., p. 975.
6. EMERSON, Ralph Waldo: «Woman» [La mujer], en *Miscellanies*, Houghton Mifflin Company, Boston, 1878, p. 409.

TERCERA CONVERSACIÓN
DESPERTAR EL FILÓSOFO INTERIOR

1. NICHIREN: *The Writings of Nichiren Daishonin*, vol. II, ed. cit., p. 87.
2. Escuelas Soka: La fase de implementación inicial del sistema educativo Soka fueron las Escuelas Soka de Segunda Enseñanza Básica y Superior, fundadas por Daisaku Ikeda en Kodaira, Tokio, en 1968. Actualmente, la red educativa Soka abarca el nivel preescolar (jardines de infantes), escuelas de primera enseñanza, escuelas de segunda enseñanza de ciclo básico y de ciclo superior, un instituto superior para mujeres, una universidad en el Japón, una universidad en California, Estados Unidos, y también jardines de infantes en Hong Kong, Singapur, Malasia, Corea del Sur y Brasil.

   El sistema educativo Soka se basa en la pedagogía creadora de valores del educador Tsunesaburo Makiguchi —fundador y primer presidente de la Soka Gakkai—, quien postuló que el propósito de la educación debía ser la felicidad permanente de los educandos. Para Makiguchi, lo esencial era que cada niño desarrollara su personalidad individual y distintiva, y que la educación permitiera a cada joven tener una vida colaborativa en beneficio de la sociedad.
3. LLOYD WEBBER, Julian: *Song of the Birds: Sayings, Stories, and Impressions of Pablo Casals* [El canto de las aves: Dichos, anécdotas e impresiones de Pablo Casals], Robsons Books, Londres, 1985, p. 85.

4. PIATIGORSKY, Gregor: *Cellist* [El violonchelista], Doubleday, Garden City, Nueva York, 1965, pp. 28-29.
5. KELLER, Helen: *Optimism: An Essay* [El optimismo], C. Y. Crowell and Company, Nueva York, 1903, p. 26.
6. Tsunesaburo Makiguchi (1871-1944) fue un teórico progresista de la educación y un activista dedicado a la reforma religiosa en el Japón. Durante la Segunda Guerra Mundial, fue encarcelado a causa de su oposición al militarismo nacionalista e imperialista de su país. Murió en prisión, antes de recuperar la libertad. En la labor académica de Makiguchi se destacan dos grandes obras: *Geografía de la vida humana* y *El sistema pedagógico de la creación de valor*. En 1930, junto al educador Josei Toda, fundó la Soka Gakkai, que actualmente es la organización laica budista más grande del Japón; en el escenario global, la Soka Gakkai Internacional hoy tiene doce millones de miembros en 192 países y territorios del mundo. Un hilo conductor que permea todos sus escritos y su trabajo como docente y director de escuela es la idea de que la felicidad debe ser un valor central en la vida del individuo. Este mismo compromiso se advierte en sus actividades como reformista religioso; enarbolando la ética de que la religión debe estar al servicio del ser humano, se opuso al gobierno japonés cuando este intentó manipular políticamente las enseñanzas budistas.
7. Desde 2000, Marinoff ha venido trabajando con líderes mundiales en Davos, como docente del Foro Económico Mundial; con los líderes de la juventud global de la WEF, en Ginebra; también con legisladores y funcionarios del gobierno estatal dentro del Programa Sur-Oeste de Gobernanza y Liderazgo de la Universidad de Arizona; con autoridades de la función pública en México y Singapur; con futuros líderes científicos de BioVision, en Lyon, y en el Festival de Pensadores de Abú Dabi, así como también junto a empresarios de Arabia, China, India y Rusia, y directivos de *Horasis*, en Zúrich.
8. IKEDA, Daisaku: *The New Human Revolution* [La nueva

revolución humana], vol. 3, World Tribune Press, Santa Monica, California, 1996, p. 92. [Hay edición en español: *La nueva revolución humana*, vol. 1 al 4, Azul Índigo, Buenos Aires, 2012.]

Cuarta conversación
El origen de un optimismo inquebrantable

1. SGI-UK (ed.): *Art of Living* [El arte de vivir], septiembre de 2001, p. 19.
2. NICHIREN: *Carta a Horen*, en *Los escritos de Nichiren Daishonin*, ed. cit., p. 542.
3. ARISTÓTELES: *The Nicomachean Ethics* [Ética a Nicómaco], libro III, ed. Lesley Brown, trad. David Ross, Oxford University Press, Nueva York, 2009, p. 48. [Hay edición en español: *Ética a Nicómaco*, trad. J. L. Calvo Martínez, Alianza Editorial, Madrid, 2001.]
4. NICHIREN: *El logro de la Budeidad en esta existencia*, en *Los escritos de Nichiren Daishonin*, ed. cit., p. 4.
5. KELLER, Helen: *Optimism: An Essay*, ed. cit., p. 67.
6. *Ib.*, p. 59.
7. Mihály Csikszentmihályi se ha destacado por su trabajo en el estudio de la felicidad y la creatividad; su libro más conocido es *Finding Flow: The Psychology of Engagement with Everyday Life*, en el que esboza su teoría de que las personas son más felices cuando alcanzan un estado óptimo de motivación intrínseca o foco absoluto; es decir, cuando fluyen. Desde 2012, es Profesor Distinguido de Psicología y Dirección de Empresas en la Escuela de Posgrado, Claremont Graduate University; además, es fundador y codirector del Quality of Life Research Center [Centro de Investigaciones sobre Calidad de Vida], también en Claremont. [Hay edición en español: *Fluir (Flow): Una psicología de la felicidad*, trad. Nuria López Buisán, Kairós, Barcelona, 1997.]
8. La Ley Mística es otro nombre que se da a Nammyoho-

rengekyo, que el budismo Nichiren reconoce como ley o principio universal. Literalmente, «Nammyohorengekyo» significa «devoción a Myohorengekyo», que es el título chino del *Sutra del loto* leído en japonés.

9. EPICTETO: *The Enchiridion*, en *The Works of Epictetus*, trad. Elizabeth Carter, F. C. and J. Rivington, Londres, 1807, p. 299. [Hay edición en español: *Enquiridión*, trad. Agustín López Tobajas y María Tabuyo, José de Olañeta Editor, Palma de Mallorca, 2007.]
10. NICHIREN: *Los tres obstáculos y los cuatro demonios*, en *Los escritos de Nichiren Daishonin*, ed. cit., p. 668.
11. MILTON, John: *The Complete Poems of John Milton* [Poemas completos de John Milton], ed. Charles W. Eliot, P. F. Collier & Son, Nueva York, 1909, p. 96. [Hay versión en español: *El Paraíso perdido*, trad. Francisco Granados Maldonado, Imprenta de Ignacio Cumplido, México, 1858, disponible en *http://books.google.com.ar/books?id=rmER AAAAYAAJ&pg=PP7&focus=viewport&hl=es*. Fecha de acceso: 20 de agosto de 2014.
12. NICHIREN: *La herencia de la Ley suprema de la vida*, en *Los escritos de Nichiren Daishonin*, ed. cit., p. 229.
13. KELLER, Helen: *Optimism: An Essay*, ed. cit., p. 17.
14. LAO TZU: *Tao Te Ching*, trad. Stephen Mitchell, HarperCollins Perennial Classics, Nueva York, 2000, caps. 6 y 35. [Hay edición en español: *El libro del tao*, trad. Juan Ignacio Preciado, Alfaguara, Madrid, 1978.]

QUINTA CONVERSACIÓN
RECUPERAR EL SENTIDO DE PROPÓSITO Y LOS VÍNCULOS

1. TAGORE, Rabindranath: *The Religion of Man: Being the Hibbert Lectures for 1930*, Macmillan, Nueva York, 1931, p. 13. [Hay edición en español: *La religión del hombre*, trad. Rafael Cansinos Assens, Edaf, Madrid, 1982.]

2. LORENZ, Konrad: *On Aggression*, Routledge, Londres, 2002, p. 101. [Hay edición en español: *Sobre la agresión, el pretendido mal*, trad. Félix Blanco, Siglo XXI, Buenos Aires, 1998.]
3. ARISTÓTELES: *Politics* [La política], trad. Benjamin Jowett, intr. H. W. C. Davis, Mineola, Dover Publications, Nueva York, 2000, p. 29. [Hay edición en español: *Política*, trad. Estela García Fernández y Pedro López Barja, Istmo, Madrid, 2005.]
4. NICHIREN: *The Writings of Nichiren Daishonin*, vol. II, ed. cit., p. 759.
5. IKEDA, Daisaku: «El budismo Mahayana y la civilización del siglo XXI» en *Un nuevo humanismo*, trad. Paula Tizzano, Fondo de Cultura Económica, México, 1999, p. 169.
6. IKEDA, Daisaku y Felix UNGER: «The Humanist Principle— Compassion and Tolerance, part 2» [El principio humanista del amor compasivo y la tolerancia, parte 2], en *The Journal of Oriental Studies*, vol. 16, octubre 2006, p. 34.
7. COUSINS, Norman: *The Healing Heart: Antidotes to Panic and Helplessness* [El corazón convaleciente: antídotos contra el pánico y a la impotencia], W. W. Norton & Company, Nueva York, 1983, p. 102.
8. Médicos Sin Fronteras es una organización humanitaria internacional creada por médicos y periodistas en Francia, en 1971. Hoy proporciona asistencia sanitaria independiente e imparcial en más de sesenta países a personas cuya supervivencia se ve amenazada por la violencia, el abandono o las catástrofes, debido ante todo a conflictos armados, epidemias, desnutrición, privación de atención médica o desastres naturales. En 1999, Médicos Sin Fronteras recibió el premio Nobel de la Paz. (Fuente: Sitio web de Médicos Sin Fronteras: *http:// www.doctorswithoutborders.org/*)
9. KURTZ, Benjamin P.: *The Pursuit of Death: A Study of Shelley's Poetry* [En pos de la muerte: Estudio de la poesía de Shelley], Oxford University Press, Nueva York, 1933, p. 224.

10. TOYNBEE, Arnold y Daisaku IKEDA: *Elige la vida*, trad. Paula Tizzano, Emecé Editores, Buenos Aires, 2005, pp. 322 y 342.

SEXTA CONVERSACIÓN
TODOS SOMOS DIGNOS DE RESPETO

1. NUSSBAUM, Martha: *The Therapy of Desire: Theory and Practice in Hellenistic Ethics*, Princeton University Press, 1994, Princeton, pp. 33-34. [Hay edición en español: *La terapia del deseo: teoría y práctica en la ética helenística*, trad. Miguel Candel, Paidós, Barcelona, 2003.]
2. *The Lotus Sutra and Its Opening and Closing Sutras* [El «Sutra del loto» y sus sutras de apertura y de clausura], trad. ingl. Burton Watson, Soka Gakkai, Tokio, 2009, p. 272.
3. MARINOFF, Lou: *Pregúntale a Platón: Cómo la filosofía puede cambiar tu vida*, ed. cit., p. XXX.
4. *Kodomo no sekai* se publicó en 1998, y hasta la fecha existen ediciones en japonés, ruso y chino.
5. *The Book of the Kindred Sayings (Samyutta Nikaya)*, ed. y trad. F. L. Woodward, The Pali Text Society, Londres, 1993, 3:8. [Hay edición en español: *Los sutras del Samyutta Nikaya*, trad. José Manuel Álvarez Flórez, José de Olañeta Editor, Palma de Mallorca, 2011.]
6. Es probable que el término «amor firme» se haya acuñado a partir de 1968, con la publicación del libro *Tough Love*, de Bill Milliken. Allí se describía el enfoque adoptado por muchos programas destinados a jóvenes en situación de riesgo o con problemas de conducta. A finales de la década de 1970, David y Phyllis York iniciaron en Pennsylvania una red civil de ayuda para padres, denominada «Tough Love» [amor firme]. A principios de los ochenta ya tenía más de 250 filiales en los Estados Unidos y Canadá, en parte gracias a la recomendación de la periodista Ann Landers. Los grupos de apoyo para padres basados en el mo-

delo de Tough Love no tardaron en expandirse a otras partes del mundo y seguían funcionando al menos hasta la fecha de edición de este diálogo. En 1985, los York publicaron un libro, también titulado *Tough Love*, que alcanzó un gran éxito de ventas.
7. BYRON, Lord George: *The Complete Poetical Works of Lord*, ed. Bliss Perry, Houghton Mifflin, Boston, 1905, p. 936. [Hay edición en español: *Poemas escogidos*, trad. J. M. Martín Triana, Visor, Madrid, 2006.]
8. EMERSON, Ralph Waldo: «The Conduct of Life» [La conducta de la vida], en *Essays and Lectures* [Ensayos y conferencias], ed. Joel Porte, The Library of America, Nueva York, 1983, p. 1072. [Hay edición española: *Ensayos*, trad. Javier Alcoriza, Cátedra, Madrid, 2014.]

SÉPTIMA CONVERSACIÓN
LA NATURALEZA DE LA CURACIÓN

1. EPICURO: «Fragments», n.° 54, en *Epicurus, The Extant Remains* [Textos parciales conservados hasta la actualidad], trad. Cyril Bailey, The Clarendon Press, Oxford, 1926, p. 133.
2. Organización Mundial de la Salud, hoja informativa n.° 220, setiembre de 2010 (*http://www.who.int/mediacentre/factsheets/fs220/es/*).
3. *New England Journal of Medicine*, 26 de julio de 2007, 357:4.
4. NICHIREN: *La supremacía de la Ley*, en *Los escritos de Nichiren Daishonin*, ed. cit., p. 644.
5. En 1901, a los veinticuatro años, Pablo Casals ofreció una gira por los Estados Unidos junto a la cantante de ópera Emma Nevada. El violonchelista relata el siguiente episodio, ocurrido el 16 de marzo, mientras él y unos amigos regresaban de una excursión de montaña en las afueras de San Francisco: «El accidente ocurrió mientras descendía-

mos el monte Tamalpais. De repente uno de mis compañeros gritó: "¡Cuidado, Pablo!" Miré hacia arriba y vi una roca que venía rodando cuesta abajo directamente hacia mí. Aparté la cabeza y tuve suerte de que no me matara. Sin embargo el peñasco me aplastó la mano izquierda: la mano de digitar. Mis amigos se quedaron horrorizados. Pero cuando me miré los dedos ensangrentados, curiosamente, mi reacción fue distinta de la suya. Lo primero que pensé fue "Gracias a Dios ¡nunca más tendré que tocar el chelo!"» Véase CASALS, Pablo y Albert Eugene KAHN: *Joys and Sorrows*, Simon & Schuster, Nueva York, 1970, p. 105. [Hay edición en español: *Vivir con alegría. Pablo Casals, sus memorias relatadas a Albert Khan*, trad. Alejandro Saderman, Grupo Editor de Buenos Aires, Buenos Aires, 1976.]

6. NICHIREN: *The Writings of Nichiren Daishonin*, vol. II, ed. cit., p. 668.
7. MARINOFF, Lou: *Pregúntale a Platón: Cómo la filosofía puede cambiar tu vida*, ed. cit., p. XII.
8. NICHIREN: *The Writings of Nichiren Daishonin*, vol. II, ed. cit., p. 1060.
9. DEWEY, John: *The Middle Works: 1899-1924*, vol. 2: 1902-1903, ed. Jo Ann Boydston, Southern Illinois University Press, Carbondale, 2008, p. 92.
10. NICHIREN: *Los enviados mongoles*, en *Los escritos de Nichiren Daishonin*, ed. cit., p. 658.

OCTAVA CONVERSACIÓN
CURAR LAS HERIDAS DE LA DIVISIÓN ARBITRARIA

1. TAGORE, Rabindranath: *Towards Universal Man*, Publishing House, Nueva York, 1961, p. 234. [Hay edición en español: *Hacia el hombre universal*, trad. Inés Soriano, Ediciones Sagitario, Barcelona, 1967.]
2. Tres mil aspectos contenidos en cada instante vital: Sistema

filosófico propuesto por Zhiyi en su obra *Gran concentración e introspección*. El número «tres mil» resulta del siguiente cálculo: 10 (diez estados) × 10 (diez estados, dada su posesión mutua) × 10 (diez factores) × 3 (tres principios de individualización). A cada instante, la vida manifiesta alguno de los diez estados; cada uno de ellos posee intrínsecamente el potencial de los diez estados en su totalidad; esa «posesión o inclusión mutua» de los diez estados da como resultado cien estados posibles. A su vez, cada una de esas cien condiciones posibles puede expresar diez factores, lo cual da un total de mil aspectos o potenciales. Estos, por su parte, se manifiestan de acuerdo con tres principios de individualización, de lo cual deriva el número tres mil. (Fuente: *The Soka Gakkai Dictionary of Buddhism*, ed. cit., p. 88.)
3. NICHIREN: *The Writings of Nichiren Daishonin*, vol. II, p. 307.
4. NICHIREN: *The Record of the Orally Transmitted Teachings*, ed. cit., p. 12.
5. NICHIREN: *El rey Rinda*, en *Los escritos de Nichiren Daishonin*, ed. cit., p. 1034.
6. EMERSON, Ralph Waldo: *Nature*, en *Essays and Lectures*, ed. cit., p. 47. [Hay edición española: *Naturaleza*, trad. María Tabuyo y Agustín López Tobajas, José de Olañeta / Ediciones UIB, Palma, Barcelona, 2007].
7. EMERSON, Ralph Waldo: *The Journals and Miscellaneous Notebooks of Ralph Waldo Emerson*, ed. William H. Gilman, Ralph H. Orth, *et al.*, 16 vol., Harvard University Press, Cambridge, 1960 (1982), 5:1819.
8. THOREAU, Henry David: *Walden*, en *A Week, Walden*, The Maine Woods, Cape Cod, ed. Robert F. Sayre, The Library of America, Nueva York, 1985, p. 352. [Hay edición española: *Walden o Mi vida entre bosques y lagunas*, trad. Justo Gárate, Espasa-Calpe, Buenos Aires, 1949.]
9. DIÓGENES LAERCIO: «Life of Zenon», en *The Lives of the Philosophers*, VII, trad. C. D. Yonge, 1895. Disponible en:

<http://www.attalus.org/old/diogenes7a.html>. Fecha de acceso: 20 de agosto de 2014. [Hay edición en español: *Vidas y opiniones de los filósofos más ilustres*, trad. Carlos García Gual, Alianza Editorial, Madrid, 2007.]

NOVENA CONVERSACIÓN
EL PODER TERAPÉUTICO DEL DIÁLOGO

1. EMERSON, Ralph Waldo: «Friendship» [Amistad], en *Essays and Lectures*, ed. cit., p. 339. [Hay edición española: *Ensayos*, trad. Javier Alcoriza, Cátedra, Madrid, 2014.]
2. *The Lotus Sutra and Its Opening and Closing Sutras*, ed. cit., p. 308.
3. NICHIREN: *The Writings of Nichiren Daishonin*, vol. II, ed. cit., p. 843.
4. *Ib.*, p. 57.
5. *Ib.*, p. 221.
6. NITOBE, Inazo: *Nitobe Inazo Zenshu* [Obras completas de Inazo Nitobe], vol. 20, Kyobunkan, Tokio, 1987, pp. 44-62. Traducción indirecta del japonés.

DÉCIMA CONVERSACIÓN
EL DIÁLOGO ORIENTADO A LA PAZ
Y EL HUMANISMO

1. WHITMAN, Walt: *Leaves of Grass*, en *Poetry and Prose*, ed. Justin Kaplan, The Library of America, Nueva York, 1982, p. 400. [Hay edición española: *Hojas de hierba*, trad. Jorge Luis Borges, Juárez Editor, Buenos Aires, 1969.]
2. Un comité encabezado por Carl Sagan eligió incluir el *Preludio y fuga en Do mayor* de *El clave bien temperado* (Libro II), en versión de Glenn Gould, en el Disco de Oro que viajó dentro de la nave Voyager I de la NASA. La misión Voyager 1, que se acerca al espacio interestelar, hasta la

fecha es el objeto fabricado por la humanidad más distante del planeta Tierra.
3. El doctor Ikeda ha mantenido encuentros con más de 7.000 líderes e intelectuales del mundo, y ha participado en 1.600 diálogos con diversas personalidades, como, por ejemplo, el destacado historiador británico Arnold J. Toynbee.
4. Se considera a Richard Nikolaus von Coudenhove-Kalergi (1894-1972) fundador del primer movimiento ciudadano que abogó por la unión de los países europeos en el siglo XX. Filósofo y político austriaco, publicó el libro *Paneuropa* en 1923, y entre abril de 1924 y marzo de 1938 fue editor y redactor en jefe de la revista homónima. Llevó a cabo una profusa actividad editorial hasta el final de sus días.
5. NICHIREN: *The Record of the Orally Transmitted Teachings*, ed. cit, p. 165.
6. IKEDA, Kaneko: *Kaneko's Story* [La historia de Kaneko], World Tribune Press, Santa Mónica, California, 2008, p. 98.
7. NICHIREN: *Sobre el establecimiento de la enseñanza correcta para asegurar la paz en la tierra*, en *Los escritos de Nichiren Daishonin*, ed. cit., p. 6.
8. *Ib.*, p. 7.
9. *The Questions of King Milinda* [Las preguntas del rey Milinda], trad. T. W. Rhys Davids, Clarendon Press, Oxford, 1890, p. 46. [Hay edición en español: *Las preguntas de Milinda: Milinda-Pañha*, trad. Lucía Carro Morina, Biblioteca Nueva, Madrid, 2002.]

UNDÉCIMA CONVERSACIÓN
PREGUNTAS ANTIGUAS, SABIDURÍA ETERNA

1. MARCO AURELIO: *Selections from the Meditations of Marcus Aurelius*, trad. Benjamin E. Smith, Century, Nueva York, 1899, p. 28. [Hay edición en español: *Meditaciones*, trad. R. Bach Pellicer, Gredos, Madrid, 2005.]

2. SÉNECA, L. Anneo: «Dialogues and Essays», en *Oxford World Classics*, trad. John Davie, Oxford University Press, Oxford, 2007, p. 155. [Hay edición en español: *Diálogos*, trad. Carmen Codoñer, Tecnos, Madrid, 2006.]
3. NICHIREN: *El kalpa de disminución*, en *Los escritos de Nichiren Daishonin*, ed. cit., p. 1166.
4. La virtud o *arête* fue un tema de interés fundamental no solo para Sócrates, sino para todos los filósofos de la antigua Grecia. Aristóteles, en particular, dedicó extensas reflexiones a la cuestión de la virtud. En la obra *Stanford Encyclopedia of Philosophy* (*online*) se lee que Aristóteles «distingue dos clases de virtudes: las que pertenecen a la parte del alma que razona (virtudes de la mente o intelecto) y las que pertenecen a la parte del alma que no puede razonar por sí misma, pero que, sin embargo, es capaz de seguir los dictados de la razón (virtudes éticas, virtudes de la personalidad)». La doctrina de Aristóteles sobre el justo medio, que se explora en su *Ética a Nicómaco*, sitúa la virtud entre los vicios del defecto y el exceso. Por ejemplo, la valentía se sitúa entre el miedo como defecto y la temeridad como exceso.
5. La 34.ª cumbre del G8 se celebró en Toyako, Japón, en la isla septentrional de Hokkaido, del 7 al 9 de julio de 2008. Contó con representantes de Francia, Alemania, Italia, Japón, los Estados Unidos, el Reino Unido, Canadá y Rusia. Entre otros temas, se debatió sobre economía, el calentamiento global y la ayuda para África.
6. TOYNBEE, Arnold J. y Daisaku IKEDA: *Elige la vida*, ed. cit., p. 26.
7. SMUTS, Jan: *Holism and Evolution* [Holismo y evolución], The Macmillan Company, Nueva York, 1926.

Duodécima conversación
Sobre la práctica de la virtud

1. El calendario lunar japonés se basaba en el calendario chino. Cada año comenzaba un poco después que el año gregoriano moderno, entre tres a siete semanas más tarde, de modo que, aunque es habitual equiparar el primer mes del calendario lunar con el mes de enero del calendario occidental, no hay coincidencia exacta entre ambos.
2. Toynbee envió la invitación a Ikeda el 23 de septiembre de 1969.
3. NICHIREN: *Sobre el establecimiento de la enseñanza correcta para asegurar la paz en la tierra*, en *Los escritos de Nichiren Daishonin*, ed. cit., p. 24.
4. NICHIREN: *La supremacía de la Ley*, en *Los escritos de Nichiren Daishonin*, ed. cit., p. 642.
5. CICERÓN, Marco Tulio: *The Orations of Marcus Tullius Cicero*, vol. II, trad. C. D. Yonge, Henry G. Bohn, Londres, 1852, p. 301. [Hay edición en español: *Oracion*, trad. J. M. Larsen, Pablo Mortá, Buenos Aires, 1865.]
6. NICHIREN: *Carta desde Sado*, en *Los escritos de Nichiren Daishonin*, ed. cit., p. 320.
7. NICHIREN: *El comportamiento del devoto del «Sutra del loto»*, en *Los escritos de Nichiren Daishonin*, ed. cit., p. 809.
8. TOYNBEE, Arnold J.: *A Study of History*, compendio de D. C. Somervell, Oxford University Press, Londres, 1963, p. 255. [Hay edición en español: *Estudio de la Historia*, trad. L. Grasset y L. Bixio, compendio en tres tomos, Madrid: Alianza Editorial, 1970.]
9. «The Maxims of Theognis» en *The Works of Hesiod, Callimachus, and Theognis*, trad. Rev. J. Banks, Henry G. Bohn, Londres, 1856, p. 225. [Hay edición en español: *Elegías de Teognis*, trad. F. Adrados, Alma Mater, Barcelona, 1959.]
10. IKEDA, Daisaku: *El Buda viviente*, trad. Paula Tizzano, Emecé Editores, Buenos Aires, 2006.

11. MARCO AURELIO: *Meditations*, trad. Maxwell Stainforth, Penguin Books, Londres, 1964, p. 157. [Hay edición en español: *Meditaciones*, trad. R. Bach Pellicer, Gredos, Madrid, 2005.]
12. MARINOFF, Lou: *El ABC de la felicidad. Aristóteles, Buda y Confucio*, ed. cit., p. 39.
13. El óctuple noble camino es una enseñanza budista temprana en la cual se establecen los principios que deben seguirse para alcanzar la emancipación: 1) visión correcta, 2) pensamiento correcto, 3) discurso correcto, 4) conducta correcta, 5) medios de vida correctos, 6) empeño correcto, 7) conciencia correcta y 8) meditación correcta.
14. Los seis *paramitas* o «perfecciones» son prácticas que deben llevar a cabo los *bodhisattvas* del Mahayana para lograr la Budeidad: 1) ofrenda, 2) observancia de preceptos, 3) resistencia, 4) asiduidad, 5) meditación y 6) cultivo de la sabiduría. (Fuente: *The Soka Gakkai Dictionary of Buddhism*, ed. cit., p. 12.)
15. IKEDA, Daisaku: *The New Human Revolution*, vol. 21, World Tribune Press, Santa Mónica, California, 2010, p. 33.

Decimotercera conversación
Las artes y el espíritu humano

1. *The Lotus Sutra and Its Opening and Closing Sutras*, ed. cit., p. 272.
2. NICHIREN: *The Writings of Nichiren Daishonin*, vol. II, p. 186.
3. *I Ching (Book of Changes)*, trad. Richard Wilhelm y Carey Baynes, Princeton University Press, Princeton, Nueva Jersey, 1967, p. 68. [Hay edición en español: *I Ching, el Libro de las Mutaciones*, trad. D. Vogelmann, Edhasa, Barcelona, 1960.]
4. *Ib.*, p. 69.
5. El portal en internet WolframMathWorld, con recursos

para el estudio de las Matemáticas, dice que la «proporción áurea, también conocida como divina proporción, razón dorada, o sección áurea, es un número que se encuentra a menudo en las razones de las distancias presentes en figuras geométricas simples como el pentágono, el decágono o el dodecaedro». En notación matemática, se la expresa con las letras griegas *phi* o *tau*. La proporción áurea suele asociarse visualmente al rectángulo áureo y a la espiral de Fibonacci. El lector puede encontrar una explicación más extensa sobre la proporción áurea en los contextos de la filosofía aristotélica y de la iconografía de las tradiciones perennialistas o religiones de la sabiduría, en MARINOFF, Lou: *El ABC de la felicidad. Aristóteles, Buda y Confucio*, ed. cit., capítulos 2 y 5, sobre el justo medio de Aristóteles y la geometría del ABC.

6. Nam-myoho-renge-kyo: Ley o verdad suprema del universo, según las enseñanzas de Nichiren. Nichiren postula que Nam-myoho-renge-kyo es la ley universal de la vida y el principio implícito en el significado del *Sutra del loto*. (Fuente: *The Soka Gakkai Dictionary of Buddhism*, ed. cit., p. 424.)
7. NICHIREN: *El logro de la Budeidad en esta existencia*, en *Los escritos de Nichiren Daishonin*, ed. cit., p. 3.
8. *Seikyo Times*, junio de 1992, p. 8.
9. *Ib.*, p. 15.
10. *Ib.*, p. 17.
11. NICHIREN: *The Writings of Nichiren Daishonin*, vol. II, p. 204.
12. El gobierno militar del Japón encarceló a Makiguchi por su renuencia a apoyar a las autoridades imperialistas que habían consolidado su poder desde la invasión masiva a la China en 1937, política que culminó en la participación bélica del Japón en la Segunda Guerra Mundial. Específicamente, Makiguchi y su discípulo Josei Toda rehusaron abandonar sus convicciones pacifistas y renunciar a su práctica budista en favor del sintoísmo promovido por el

Estado, que buscaba instaurar en la población lo que en el sitio web (<http://www.tmakiguchi.org/>) de Tsunesaburo Makiguchi (<http://www.tmakiguchi.org/>) se describe como «el culto a la divinidad imperial». Makiguchi murió en prisión en noviembre de 1944, a los 74 años. Toda recuperó la libertad en julio de 1945.
13. TAGORE: *Towards Universal Man*, ed. cit., p. 234.
14. NICHIREN: *La apertura de los ojos*, en *Los escritos de Nichiren Daishonin*, ed. cit., p. 272.

DECIMOCUARTA CONVERSACIÓN
LA VIDA Y LA MUERTE NO EXISTEN SEPARADAS

1. *World Tribune*, 20 de abril de 2001, p. 6.
2. *Tao Te Ching*, ed. cit., cap. 64.
3. El «Índice para una vida mejor», informalmente llamado «índice de la felicidad», es una herramienta estadística creada por la Organización para la Cooperación y el Desarrollo Económicos (<http://www. oecd.org/>) que mide el nivel de bienestar en cuarenta países.
4. NICHIREN: *La curación de las enfermedades kármicas*, en *Los escritos de Nichiren Daishonin*, ed. cit. p. 661.
5. EPICURO: «Letter to Menoeceus», en *The Extant Remains*, ed. cit., p. 85. [Hay edición en español: *Carta a Meneceo*, trad. Pablo Oyarzún, *Onomazéin*, 4, 1999, pp. 403-425.]
6. *The Lotus Sutra and Its Opening and Closing Sutras*, ed. cit., p. 271.
7. KING, Martin Luther Jr.: *A Testament of Hope: The Essential Writings and Speeches of Martin Luther King, Jr.* [Escritos y discursos esenciales de Martin Luther King Jr.], ed. James M. Washington, HarperCollins, Nueva York, 1991, p. 222.
8. Para más información sobre este y otros temas afines en idioma inglés, véase la pestaña «Understanding Death, Appreciating Life» [Comprender la muerte, valorar la

vida], en la página web del Centro Ikeda para la Paz, el Conocimiento y el Diálogo, <http://www.ikedacenter.org/>.

9. MONTAIGNE, Michel de: «That our happiness must not be judged until after our death» [Que nuestra felicidad no sea juzgada sino hasta después de nuestra muerte], en *The Complete Essays of Michel de Montaigne*, trad. Donald M. Frame, Stanford University Press, Stanford, California, 1957, 1965, p. 55. [Hay edición en español: trad. Constantino Román y Salamero, Garnier Hermanos, París, 1919. Disponible en: <http://www.cervantesvirtual.com/obra/ensayos-de-montaigne--0/>. Fecha de acceso: 20 de agosto de 2014.]

10. COX, Harvey G. y Daisaku IKEDA: *The Persistence of Religion: Comparative Perspectives on Modern Spirituality* [La persistencia de la religión: La espiritualidad moderna desde un enfoque comparativo], I. B. Tauris, Londres, 2009.

11. PASCAL, Blaise: *Pensées*, trad. A. J. Krailsheimer, Penguin Classics, Londres, 1966, 1995, p. 51. [Hay edición en español: *Pensamientos*, trad. J. B. Bergua, Ediciones Ibéricas, Madrid, 2011.]

12. IKEDA, Daisaku: *Cantos de mi corazón*, trad. Paula Tizzano, Ediciones Amargord / Universidad de Alcalá de Henares, Madrid, 2014, pp. 19-20.

13. IKEDA, Daisaku: *The Human Revolution*, Book One, World Tribune Press, Santa Mónica, California, 2004, p. 228. [Hay versión abreviada en español: *La revolución humana*, 2 tomos, trad. Paula Tizzano y C. Millán, Emecé Editores, Buenos Aires, 1989, 1990.]

14. TOLSTÓI, León: *Torusutoi Zenshu*, Iwanami Shoten, Tokio, 1931, vol. 21, p. 408. Traducción indirecta del japonés. [Hay edición en español: *Obras completas*, trad. y notas de Irene y Laura Andresco, Aguilar, Barcelona, 2004.]

15. IKEDA, Daisaku: *Un nuevo humanismo*, trad. Paula Tizzano, Fondo de Cultura Económica, México, 1999, p. 171.

DECIMOQUINTA CONVERSACIÓN
LAS MUJERES Y EL ESTABLECIMIENTO
DE UNA CULTURA DE PAZ

1. BUBER, Martin: *I and Thou*, trad. Walter Kaufmann, Touchstone, Nueva York, 1996. [Hay edición en español: *Yo y tú*, trad. Carlos Díaz, Caparrós Editores, Madrid, 1993.]
2. *Ib.*
3. BARONCOHEN, Simon: *The Essential Difference: Male and Female Brains and the Truth about Autism*, Basic Books, Nueva York, 2003, pp. 21-22. [Hay edición en español: *La gran diferencia: Cómo son realmente los cerebros de hombres y mujeres*, trad. Betty Trabal, Amat, Barcelona, 2005.]
4. Por ejemplo, véase MACCOBY, E. y C. JACKLIN: *The Psychology of Sex Differences* [Psicología de las diferencias sexuales], Stanford University Press, Stanford, 1975.
5. En su ensayo «El equivalente moral de la guerra» (1906), James dijo que «los sentimientos militaristas están demasiado arraigados para que podamos quitarles el lugar que ocupan en nuestros ideales hasta tanto surjan sustitutos mejores». James concibió una forma de servicio nacional dedicado a mejorar la sociedad humana mediante lo que dio en llamar la «conquista de la naturaleza». Este proceso permitiría que «las personalidades de tipo marcial» se forjaran «sin necesidad de las guerras», escribió. Aunque James no lo previó de este modo, tal vez los torneos deportivos de la actualidad sirvan a un propósito similar. [Hay traducción española del ensayo de James publicada en línea por la Universidad de Navarra, en versión de Mónica Aguerri, disponible *en http://www.unav.es/gep/ TheMoralEquivalent OfWar.html*]
6. GANDHI, Mahatma: *All Men Are Brothers*, Continuum, Nueva York, 2005, p. 162. [Hay edición en español: *Todos los hombres son hermanos*, trad. Luis Legaz, Sociedad de Educación Atenas, Madrid, 1988.]

7. TRUBY, J. David: *Women at War–A Deadly Species* [Las mujeres en la guerra. Una especie letal], Paladin Press, Boulder, Colorado, 1977, p. 6.
8. BINKIN, M. y S. BACH: *Women and the Military* [Las mujeres y las Fuerzas Armadas], The Brookings Institution, Washington, D.C., 1977, p. 134.
9. El lector encontrará una síntesis de las acciones de Jiang Qing en «The 25 Most Powerful Women of the Past Century» [Las 25 mujeres más poderosas del siglo pasado], en la sección Time Specials del sitio web de la revista *Time*, disponible en: *http://content.time.com/time/specials/packages/0,28757,2029774,00.html*. Fecha de acceso: 20 de agosto de 2014.
10. IKEDA, Daisaku: «To the Young Mothers of Kosenrufu», SGI-USA Publications 1997-2008, CD, World Tribune Press, Santa Mónica, California, 2009, p. 15. También publicado en el *Seikyo Shimbun* del 14 de febrero de 2007 (en japonés).
11. Por ejemplo, véase «The Ethics of Care and Feminist Ethics» [La ética del cuidado y la ética feminista], en MAPPES, Thomas y David DEGRAZIA eds., *Biomedical Ethics* [Ética biomédica], McGraw-Hill, Nueva York, sexta edición, 2006, pp. 30-33.
12. NICHIREN: *El sutra de la verdadera retribución*, en *Los escritos de Nichiren Daishonin*, ed. cit., p. 930.
13. En este relato, la «niña dragona» se refiere a la hija de ocho años de Sagara, uno de los ocho grandes reyes dragones que, según se creía, vivían en el fondo del mar. Los reyes dragones se contaron entre los seres reunidos en la asamblea en la cual Shakyamuni predicó el *Sutra del loto*. Pese a ser niña, a ser hembra y a ser animal, la hija del Rey Dragón alcanzó la iluminación tras escuchar al *bodhisattva* Manjushri exponer la enseñanza del *Sutra del loto*. Su iluminación rebatió la idea de que la Budeidad estaba vedada a las mujeres, creencia que hasta ese momento era tenida por cierta. También demostró que el poder del *Sutra del*

loto es universal y permite lograr la iluminación a todos los seres, sin que estos tengan que cambiar de forma o identidad, y sin tener que pasar por un ciclo interminable de existencias consagradas a las prácticas austeras. Véase «Devadatta», en *The Lotus Sutra and Its Opening and Closing Sutras*, ed. cit., pp. 182-189.

Decimosexta conversación
Aliviar el sufrimiento e infundir alegría

1. *World Tribune*, 1 de agosto de 2003, p. 8.
2. NICHIREN: *Aliento a un enfermo*, en *Los escritos de Nichiren Daishonin*, ed. cit., p. 79.
3. NICHIREN: *Sobre el establecimiento de la enseñanza correcta para asegurar la paz en la tierra*, en *Los escritos de Nichiren Daishonin*, ed. cit., p. 25.
4. TAKAKUSU, J. (ed.): *Nanden Daizokyo*, vol. 24, Taisho Shinshu Daizokyo Publishing Society, Tokio, 1935, p. 358. Traducción indirecta del japonés.
5. Nichiren escribe: «Cuando uno finalmente entiende y percibe que todas las cosas —el cerezo, el ciruelo, el melocotonero y el albaricoquero— en su propia entidad y sin tener que experimentar cambio alguno poseen los tres cuerpos eternamente dotados, a esto se refiere la palabra *ryo*, que denota "incluir" o "abarcar la totalidad" (*The Record of the Orally Transmitted Teachings*, ed. cit., p. 200).
6. TOYNBEE, Arnold J. y Daisaku IKEDA: *Elige la vida*, ed. cit., p. 285.

Sobre los autores

LOU MARINOFF es profesor y catedrático de filosofía en el City College de Nueva York. También es fundador y presidente de la American Philosophical Practitioners Association, y editor de la revista *Philosophical Practice*. Marinoff ha escrito libros de gran éxito de ventas en todo el mundo (entre ellos, *Más Platón y menos Prozac*, traducido a veintisiete idiomas) que aplican la filosofía a la resolución de problemas cotidianos. Ha colaborado con comités asesores y foros de dirigentes como el Aspen Institute, BioVision (Lyon), Festival of Thinkers (Abu Dabi), Horasis (Zúrich), Strategic Foresight Group (Bombay) y el Foro Económico Mundial (Davos). Su diálogo con Daisaku Ikeda se publicó en Japón en 2011.

DAISAKU IKEDA es presidente de la Soka Gakkai Internacional, una organización budista laica con más de doce millones de miembros en todo el mundo. Es un prolífico escritor y conferencista internacional en materias como el budismo, el humanismo y la ética global. Es coautor de más de cincuenta diálogos, con figuras de la talla de Mijaíl Gorbachov, Hazel Henderson, Joseph Rotblat, Linus Pauling o Arnold Toynbee, entre otros. En 1971, en el marco de su dedicación a la educación humanística, Daisaku Ikeda fundó la Universidad Soka de Tokio y, en 2001, la Universidad Soka de los Estados Unidos, en Aliso Viejo, California.

Índice

PRIMERA CONVERSACIÓN
La filosofía comienza a partir de nuestras preguntas 11

SEGUNDA CONVERSACIÓN
El agradecimiento a nuestros padres 25

TERCERA CONVERSACIÓN
Despertar el «filósofo interior» 37

CUARTA CONVERSACIÓN
El origen de un optimismo inquebrantable 51

QUINTA CONVERSACIÓN
Recuperar el sentido de propósito y los vínculos 61

SEXTA CONVERSACIÓN
Todos somos dignos de respeto 73

SÉPTIMA CONVERSACIÓN
La naturaleza de la curación 85

OCTAVA CONVERSACIÓN
Curar las heridas de la división arbitraria 97

NOVENA CONVERSACIÓN
El poder terapéutico del diálogo 111

DÉCIMA CONVERSACIÓN
El diálogo orientado a la paz y el humanismo 127

UNDÉCIMA CONVERSACIÓN
Preguntas antiguas, sabiduría eterna 141

DUODÉCIMA CONVERSACIÓN
Sobre la práctica de la virtud 157

DECIMOTERCERA CONVERSACIÓN
Las artes y el espíritu humano 173

DECIMOCUARTA CONVERSACIÓN
La vida y la muerte no existen separadas 187

DECIMOQUINTA CONVERSACIÓN
Las mujeres y el establecimiento de una cultura de paz .. 207

DECIMOSEXTA CONVERSACIÓN
Aliviar el sufrimiento e infundir alegría 223

APÉNDICE 1
Obras selectas de Daisaku Ikeda 241

APÉNDICE 2
Obras selectas de Lou Marinoff 243

NOTAS 245

SOBRE LOS AUTORES 267